PATRICIA LAGES

BOLSA BLINDADA 2

Novas dicas e aplicações práticas para fazer de você uma especialista em finanças pessoais e da família

Thomas Nelson
BRASIL®

Rio de Janeiro, 2014

© 2014 by Patricia Lages

Publisher	*Omar de Souza*
Editores	*Aldo Menezes e Samuel Coto*
Produção	*Thalita Aragão Ramalho*
Capa	*Julio Moreira e Júlio Carvalho*
Preparação de originais	*Daila Fanny*
Revisão	*Luiz A. Werneck Maia*
Ilustrações	*Carla Pilla*
Diagramação	*Aldair Dutra*

As citações bíblicas foram extraídas da Nova Versão Internacional, salvo quando especificado.

Crédito da música de Zeca Pagodinho "Deixa a vida me levar", letra de Serginho Meriti e Eri do Cais. Deixa a vida me levar. Universal, 2002.
Crédito da música de Jair Rodrigues "Deixa isso pra lá", letra de Alberto Paz e Edson Menezes. 500 anos de folia — 100% ao vivo. Trama, 1999.

Este livro foi composto em Adobe Garamond Pro 14 e impresso pela Edigráfica sobre papel Chambril Avena 70g para a Thomas Nelson Brasil em 2014.

CIP-BRASIL. CATALOGAÇÃO NA FONTE
SINDICATO NACIONAL DOS EDITORES DE LIVROS, RJ

L172b

Lages, Patricia
    Bolsa blindada 2: novas dicas e aplicações práticas para fazer de você uma especialista em finanças pessoais e da família / Patricia Lages. - 1. ed. - Rio de Janeiro : Thomas Nelson Brasil, 2014.
    240 p. : il.

    Inclui bibliografia
    ISBN 978.85.7860.627-5

    1. Educação financeira. 2. Finanças pessoais. I. Título.

14-15206   CDD: 332.024
               CDU: 330.567.2

Thomas Nelson Brasil é uma marca licenciada à Vida Melhor Editora S.A.
Todos os direitos reservados à Vida Melhor Editora S.A.
Rua Nova Jerusalém, 345 – Bonsucesso
Rio de Janeiro – RJ – CEP 21402-325
Tel.: (21) 3882-8200 – Fax: (21) 3882-8212 / 3882-8313
www.thomasnelson.com.br

Sumário

Endossos 5
Agradecimentos 7
Introdução 9
Parte 1. Prepare-se para crescer 17
   Capítulo 1. Organize-se 19
   Capítulo 2. Planilhas de orçamento e tabelas de controle 47
   Capítulo 3. Blindete empreendedora — renda extra 87
Parte 2. Gerenciando suas finanças 101
   Capítulo 4. Colocando a casa em ordem 103
   Capítulo 5. Comprando bem, que mal tem? 145
Parte 3. Realizando sonhos 183
   Capítulo 6. Como iniciar ou aumentar seu patrimônio 185
Parte 4. Crescendo profissionalmente 215
   Capítulo 7. O trabalhador é digno do seu salário 217
Fontes 239
Referências 240

Endossos

"Vejo o *Bolsa blindada 2* como inspiração do próprio Deus, para ensinar aos Seus filhos a ter grande visão, tanto para poupar como para prosperar. Calcular e fazer decisões bem-analisadas e inteligentes — essas são coisas propícias aos herdeiros do Rei."

ESTER BEZERRA, ESCRITORA

"Muito mais que um livro, *Bolsa blindada 2* é um manual simples, prático e eficaz para ajudar a leitora a controlar suas despesas e monitorar sua vida financeira. Patricia Lages é uma grande mulher, jornalista, empresária e, acima de tudo, uma talentosíssima escritora, pois consegue reunir, através de suas experiências num discurso simples, informações essenciais para a bolsa de suas leitoras!"

GIANNE ALBERTONI, APRESENTADORA E MODELO

"O *Bolsa blindada 1* me deu uma direção em relação à estabilidade financeira. Em certa fase da minha vida, tive que começar a administrar meus bens, pagar contas, analisar o uso do dinheiro e as minhas reais despesas. Aos poucos, identifiquei os excessos e os cortei. O *Bolsa blindada 2* mantém a mesma missão. O livro explica de forma simples e com o senso de humor incrível da Patricia que é possível ter uma vida financeira saudável e equilibrada."

Andréa Nóbrega, empresária e atriz

"Patricia Lages é uma excelente jornalista que busca, através da sua obra, ensinar a receita do sucesso para que vida financeira não fracasse. A fácil leitura faz com que nos aprofundemos nos casos por ela vividos. Recomendo o *Bolsa blindada 2*. Assim como a boa receita depende do cuidado em cada etapa do preparo, nossa vida financeira também depende da atenção em cada gasto. *Bolsa blindada 2* é um guia prático, criado para ajudar nosso dia a dia."

Edu Guedes, apresentador e empresário

Agradecimentos

A Deus, que inspira cada texto que escrevo. Sem Ele não faço nada.

Ao meu marido, Wel Calandria, sempre generoso em abrir mão de todo tempo que preciso para me dedicar à escrita.

Aos queridos amigos Renato e Cristiane Cardoso, padrinhos do *Bolsa blindada*.

À minha irmã Sandra, que me apoia e auxilia sempre que tem uns minutos livres em sua agenda cheia.

À querida Ester Bezerra, uma mulher inspiradora que nos ensina até em silêncio.

À Méuri Luiza e Luana Botelho, amigas de todas as horas.

E a todas as "blindetes" que me acompanham nas redes sociais e no blog, que fizeram do *Bolsa blindada* um sucesso em todo o Brasil. Juntas somos mais fortes!

Introdução

O que é ser "blindete"?

Ser bem-sucedida financeiramente nos nossos dias é praticamente uma obrigação. Antigamente, o projeto de vida das mulheres era preparar-se para o casamento, para a maternidade e para a administração da casa — o que não era ruim, em minha opinião. Mas os tempos são outros. Nossas antecessoras dedicavam-se a escolher um bom pretendente, ser boas donas de casa, cozinhar divinamente e educar os filhos para serem cidadãos de bem. Uma missão e tanto!

Hoje, nós, mulheres, apesar de termos conquistado o mercado de trabalho e nossa independência financeira, não nos livramos das tarefas domésticas do passado. Pelo contrário, a obrigação de cuidar da casa, dos filhos, das refeições e de tudo o que esse universo envolve ainda é nossa. Quer uma prova? Experimente sair com seu marido toda arrumadinha, enquanto ele usa uma camisa amarrotada estilo Dr. House[1] (mesmo que seja por vontade dele). Você acha que as pessoas vão dizer que ele é um desleixado ou que você, a esposa dele, não teve nem coragem de passar a camisa do pobrezinho? E mais: quem vai reparar e fazer esse tipo de comentário não são os homens, e sim as próprias mulheres! Nós temos sido as críticas mais cruéis de nós mesmas.

Ainda que você não seja casada, em algum momento da vida já deve ter sido cobrada para que seu quarto fosse impecavelmente bem-arrumado, enquanto o do seu irmão podia ter até uma meia suja pendurada no lustre e um saco vazio de batata frita embaixo da cama. "Ora, o dele é assim porque ele é homem!" Não é o que dizem?

---
[1] Dr. House é o personagem principal do seriado *Dr. House*. Trata-se de um médico brilhante e mal-humorado, que se veste de maneira bastante desleixada.

Por mais injusta que essa diferença de tratamento seja, nós, mulheres, temos um talento extra que os homens não têm: somos capazes de fazer inúmeras coisas ao mesmo tempo. E bem feitas. O importante é não deixarmos que essa habilidade de ser multitarefas acabe jogando contra nós. Calma que eu explico. Com a gente não tem enrolação, nem segredos; nós rasgamos o verbo!

Parece-me que as mulheres estão errando a mão na questão da independência, pois foram de um extremo ao outro. Antigamente, a mulher era obrigada a aguentar tudo, até traições e maus tratos do marido, simplesmente porque ela dependia dele para tudo. Era aceitar a situação ou ir com os filhos para debaixo de uma ponte, sem falar de todo o preconceito que uma divorciada enfrentava no passado (e, cá entre nós, enfrenta até hoje, ainda que em menor grau). Atualmente, porém, a mulher se tornou tão independente que chega a achar que não precisa de nada e nem ninguém. Com isso, muitas têm reduzido seus companheiros à condição de meros assistentes. Bem, eu disse "meros assistentes", mas você que me conhece já sabe que não sou de meias palavras, então lá vai: há mulheres que reduzem seus maridos a uns bananas!

O fato de você estar lendo este livro significa que deseja crescer financeiramente — e você vai, é só uma questão de seguir as orientações, ser determinada e perseverar —, mas esteja preparada para que esse crescimento não venha prejudicá-la em outras áreas. Particularmente, sempre sonhei em ser bem-sucedida profissional e financeiramente, mas nunca à custa de viver sozinha ou de ter de sustentar alguém. Sempre quis uma pessoa com quem pudesse crescer junto, e não alguém para carregar nas costas. Encontrei essa pessoa e posso dizer que é perfeitamente possível conciliar a carreira e o casamento, fazendo com que ambos sejam bem-sucedidos. Vejo, no entanto, que muitas mulheres acabam tomando a frente de tudo, bancando tudo, decidindo tudo, sustentando tudo. Desde antes do namoro, já são elas que "vão para cima" e não deixam nem sequer que os homens as conquistem. Depois, decidem onde jantar (e pagam a conta), decidem aonde passear (e pagam a entrada), decidem ter um filho (e pagam sua educação) e, sem perceberem, reduzem o outro a um zé-ninguém. Mais tarde, são essas mulheres que irão reclamar que têm de ser "o homem da casa", quando, na verdade, foi a maioria delas que trilhou esse caminho. Plantaram a bananeira, adubaram, regaram e a cultivaram durante anos e anos, mas agora não querem colher "os bananas".

Segundo uma pesquisa conduzida pelo National Fatherhood Institute, nos Estados Unidos, os problemas financeiros são a segunda maior causa de divórcios no país. Por isso, eu não poderia deixar de começar este livro sem abordar esse viés.

Casada ou solteira, você precisa ter um objetivo maior do que o dinheiro em sua vida. Colocá-lo acima da família, de sua vida amorosa e até de seus princípios não é uma boa estratégia. Será como correr atrás do vento. No final da história, você terá protagonizado o filme *MIP – Mulher Independente e Poderosa*, porém, quando acenderem-se as luzes, o cinema vai estar vazio. E não é isso que a gente quer, certo?

Ser uma "blindete" — aquela que blinda a sua bolsa — é mais do que querer ser bem-sucedida. É estar sempre buscando o equilíbrio entre o **ter** e o **ser**. Nós queremos **ter** independência financeira sim. Mas queremos **ser** felizes também. Ter independência significa apenas que não queremos viver à custa de ninguém. Não quer dizer que queremos ter outras pessoas dependendo (ou se aproveitando) de nós. É claro que, no caso de um marido desempregado, de um negócio que não deu certo ou mesmo de uma época de vacas magras, a mulher deve assumir tudo o que puder para ajudar o marido a se reerguer. Notou a expressão? "Ajudar a se reerguer", e não carregá-lo nas costas para o resto da vida. Ninguém aguenta isso por muito tempo e as pesquisas estão aí para comprovar.

Desde que o mundo é mundo, o homem tem a função de ser o provedor, aquele que traz o sustento para a família, enquanto a mulher é a administradora, aquela que tem o dom de gerir os recursos da família e fazer da sua casa um verdadeiro lar. Independentemente de ser o homem ou a mulher (ou ambos) a trazer o sustento financeiro para a casa, nenhuma mulher quer um banana ao seu lado. Então, ainda que você ganhe mais que seu marido, isso não é motivo para passar por cima dele. A mulher tem esse dom mais apurado de administrar, gerenciar e controlar o bom andamento de sua família; nós estamos programadas para isso. Mas quando a mulher é descontrolada, gasta mais do que ganha, não liga a mínima para as finanças e quer tudo o que vê pela frente, a família toda vai para o brejo. Ou melhor, para o SPC!

Então, meninas, cabe a nós sermos boas gestoras financeiras e estabelecermos as bases da nossa família com equilíbrio, mesmo com todo o bombardeio que nossa bolsa possa receber diariamente.

Casada ou solteira, você é atacada todos os dias por milhares de coisas que as propagandas dizem que você precisa enlouquecidamente ter agora! Então, blindar a sua bolsa contra esses ataques deve fazer parte da sua vida. O mercado publicitário descobriu que é a mulher quem define qual será o carro da família, onde passarão as férias e de que cor pintarão a casa. Por isso, os comerciais de TV e todo tipo de publicidade, salvo um ou outro produto de uso exclusivo dos homens, são voltados para o público feminino.

Você que é mulher sabe muito bem que nós temos o dom da persuasão e podemos convencer o homem a fazer quase tudo o que queremos. Se o seu marido quer um carro branco, mas você quer um carro preto, é pouco provável que vocês entrem num acordo e comprem um carro cinza. No final das contas, é o carro preto que vai adentrar sua garagem. Por isso, em vez de reclamar aos quatro cantos que ser mulher é uma injustiça tremenda, aprenda a usar os seus dons em benefício de todos.

Quando a mulher é controlada e sabe como gerir os recursos da sua casa, tudo funciona muito melhor. Ela é capaz de colocar o marido e os filhos na linha. O contrário é bem mais difícil. O marido pode até esconder o cartão de crédito da esposa, proibi-la de comprar outro par de sapatos ou ameaçar fechar a conta bancária dela, mas se ela realmente quiser alguma coisa, ela vai dar um "jeitinho". Ah, vai! Ainda que seja comprar escondido e depois inventar uma história mirabolante que deixaria qualquer novelista no chinelo. Você, porém, não precisa de nada disso. Aprendendo a gerenciar seu dinheiro você vai tomar as rédeas de suas finanças e guiá-las pelo **caminho que** quiser.

Este livro tem como objetivo fornecer ferramentas para você administrar seu orçamento sem ter de investir horas e horas nisso. Eu sei que você não tem tempo a perder, por isso, reuni planilhas, listas, sistemas de organização e informações que quero compartilhar com você. E para facilitar ainda mais, você poderá baixar esse material extra em meu blog e usá-lo sempre que quiser. Não é o máximo?

A cada capítulo, você irá aprender como usar, de forma simples e clara, cada um dos recursos, até que esse processo acabe fazendo parte da sua rotina. Assim, você cumprirá cada etapa naturalmente, como escovar os dentes e tomar banho.

Agora que você sabe que sua bolsa é um alvo visado por todo mundo, trate de blindá-la de forma a dirigir seus recursos para aquilo que realmente interessa. Nada de pão-durismo, nem de passar necessidade. Economia é uma questão de fazer a escolha certa. Então, amiga, além de pilotarmos o fogão, cuidarmos da carreira profissional e estarmos lindas para o que der e vier, também vamos surpreender mostrando que somos excelentes gestoras financeiras, ou seja, somos "blindetes"!

Parte 1

Prepare-se para crescer

Capítulo 1

Organize-se

Você só chega aonde sua imaginação chegar primeiro

Podem me chamar de tiete, mas eu gosto muito do programa Amaury Jr. Desde a década de 1980 no ar, Amaury já entrevistou milhares de pessoas e sabe como ninguém fazer colunismo social na TV. Vou confessar que, lá no fundinho, sempre tive o sonho de estar no programa dele. Mas... fazendo o quê? Falando sobre o quê? Por que o Amaury Jr. entrevistaria uma famosa desconhecida? Era um sonho quase impossível, mas ele já existia dentro da minha cabeça. Aliás, a palavra *quase* significa, entre outras coisas, "à pouca distância de; próximo, perto" e, para mim, isso já foi o suficiente para ter a audácia de imaginar que um dia estaria lá. Dito e feito! Graças ao livro *Bolsa blindada*, lá fui eu realizar esse sonho.

Claro que a entrevista foi excelente e eu amei cada minuto, mas do que mais gostei foi ter tido a oportunidade de contar qual é o segredo número 1 para quem quer ser bem-sucedida na vida financeira. E aqui é assim, amiga: segredos são para se contar! É lógico que você quer saber, né? Então lá vai a primeira lição:

> Para ser bem-sucedida na vida financeira,
> a primeira coisa que você deve ter
> não é dinheiro, mas organização.

Se você não sabe administrar o que tem, seja muito ou pouco, não vai chegar a lugar algum. Já ouvi inúmeras vezes pessoas dizerem que estão endividadas porque ganham pouco; na verdade, porém, elas estão nessa situação por não serem organizadas. Quer tirar a prova? Imagine uma pessoa que ganha R$ 1.000 por mês e diz que não sabe para onde o dinheiro vai, pois ele acaba e ela "não comprou nada". Pois bem, se essa pessoa não tem controle sobre R$ 1.000, o que você acha que aconteceria se ela ganhasse R$ 10.000? Aí é que ia se enrolar toda mesmo...

E o que dizer das pessoas que ganham bem, mas que passam pelo mesmo problema? Quantos são os que não têm ideia de qual ser alienígena está abduzindo seu rico dinheirinho? Elas estão olhando para o espaço sideral quando, na verdade, o problema está bem diante delas, mais especificamente na sua nave, opa... quer dizer, na sua bolsa, que não foi blindada!

Você não precisa estudar astrofísica, nem chamar a NASA para resolver o problema. A solução é simples e você pode começar a resolver isso já, aqui mesmo, com os pés bem fincados na Terra. Aliás, essa é a lição número 2:

> É só tomando atitudes com os
> pés no chão que você poderá levar
> sua vida econômica às alturas.

Bem, já temos duas lições importantíssimas para pôr em prática, certo? Antes de começar, você precisa estar comprometida consigo mesma para empreender essa nova jornada (que não é coisa de outro planeta) que a fará enxergar que é possível conquistar seu espaço e ser a estrela que sempre quis. Então, querida blindete, levante a mão direita e repita comigo... Ué, não levantou a mão por quê? Tô esperando! Ah, agora sim! Repita comigo:

> Eu, (diga seu nome), comprometo-me a cuidar da minha vida financeira, tomar as rédeas da minha situação — sem medo — e trilhar um caminho de sucesso daqui em diante. Eu sou capaz. Eu vou conseguir!

Notou que nessa frase não há nada de negativo? Nela, você já está determinando que será uma pessoa bem-sucedida. O seu pensamento deve estar fixo onde você quer chegar. Se você está endividada, já se imagine pagando sua última conta. Se está desempregada, imagine-se trabalhando naquele local dos sonhos. Lembre-se: **você só vai chegar aonde a sua imaginação chegar primeiro**.

E é assim, devidamente focada e com o pensamento no destino final, que você irá embarcar no melhor ano da sua vida. Boa viagem!

Assuma o controle

Ao contrário do que se pensa, ter o hábito de manter uma agenda em dia não é chato e nem dá trabalho. É apenas uma questão de ter o controle real de sua vida. Todo mundo diz ser dono da própria vida, quando, na verdade, não sabe nem o que tem para fazer amanhã. Tenho visto muita gente decidir tudo na última hora, fazer as coisas sempre correndo e não ter tempo nem sequer para sentar-se decentemente e fazer uma refeição. São pessoas que dizem não gostar de planejamento, pois a vida fica monótona, que viver na emoção da surpresa é muito melhor. Será? Tenho minhas dúvidas.

Uma vez fui para La Paz, na Bolívia, e apesar de ter sido avisada de que a sua elevada altitude causa uma série de males, nem liguei. Acostumada a viajar, eu já havia ido até para o deserto e nunca tive nem mesmo uma dor de cabeça. Achei que não precisava ficar me preparando ou pensando muito nas providências que deviam ser tomadas, afinal, eu estava de férias. Conclusão: parei! Isso mesmo, parei, travei, fiquei inútil e não aproveitei nadica de nada! Nas alturas, o ar é muito rarefeito; isto é, tem menos oxigênio. A gente respira, respira e parece que o pulmão não enche. Meu corpo foi ficando lento, os sentidos já não obedeciam, eu não pensava direito e não tinha forças nem para levantar a câmera que estava pendurada em meu pescoço. A pressão que senti na cabeça foi muito mais dolorosa do que a pior enxaqueca que já tive e, em questão de quatro ou cinco horas ali, não conseguia nem mais andar direito. Travei!

Minha irmã, Sandra, estava comigo e teve de improvisar, pois não podia simplesmente me largar no meio da rua. Ela teve a ideia de reencenar o filme *Um morto muito louco* e executou seu plano tão brilhantemente que merecia um Oscar! Ela ficou atrás de mim, passou os braços em volta do meu corpo (que se encontrava inerte) e ia empurrando os meus pés, um de cada vez, para parecer que eu estava andando sozinha. É, minha irmã é mesmo uma palhaça, mas, nesse caso, a palhaçada foi minha! As *cholitas* (mulheres bolivianas que usam roupas tradicionais) riram da minha cara até não poderem mais. Virei a atração do local e nem ganhei cachê! Tivemos de voltar antes da hora, trocar de voo e chamar um médico. Mesmo com tudo isso, minha irmã continuou com seu "número de marionete" e me empurrou daquele jeito até pelo detector de metais do aeroporto. O policial deu-lhe uma bronca, mas depois que ele viu que eu era nada mais do que um saco de batatas, deixou a gente passar. Que vexame! Essa humilhação toda só serviu para eu ganhar um cilindro de oxigênio e um lugar especial em um voo que nem era o nosso. Entramos no avião — que saiu atrasado por minha causa — e todos os passageiros nos xingaram. Sorte minha estar tão fora do ar a ponto de nem perceber. Azar da minha irmã que — apesar de ter se divertido à custa da minha inutilidade — teve de aguentar os xingamentos! Umas 24 horas depois eu já estava melhor e jurando que nunca mais iria viajar sem planejar direito.

Em 2012 fui novamente para um lugar de grande altitude. O destino foi San Pedro de Atacama, no Chile, mas dessa vez fiz um planejamento: estudei os lugares que iria visitar, fiz a aclimatação e tive ótimas férias. Então, amiga, planejar só traz benefícios, ao passo que fazer as coisas de qualquer jeito só faz de você uma marionete na mão dos outros. E isso, diferentemente da minha história de La Paz, não tem graça nenhuma.

Quando me refiro a ser marionete dos outros quero dizer que ao não se planejar você acaba fazendo o que os outros determinam. Você checa seus e-mails para ver o que há de mais urgente entre as coisas que as pessoas estão lhe pedindo (e não naquilo que se programou para fazer). Daí, faz tudo correndo porque não tem mais tempo nem para pensar. Atende àquele cliente que já está perdendo a paciência com a demora, e faz voando hoje o que deveria ter feito ontem. Parece que você está sempre correndo atrás e nunca andando na frente. Já quando você tem um planejamento, monta uma agenda e define o que vai fazer, você tem muito mais controle de sua vida. É você quem determina se pode ou não fazer aquele trabalho na quarta-feira que vem ou se precisa de mais dias e poderá entrega-lo só na sexta-feira. Você passa a dar as cartas e não fica mais à mercê dos outros. Pense que nem sempre haverá alguém para empurrá-la por aí; o mais provável é que a deixem de lado porque ninguém gosta de carregar um saco de batatas!

Existem muitos métodos que podem ser adotados para se organizar, mas antes de qualquer coisa, saiba que você precisa considerar o seguinte:

Não confie na sua memória.

Já cansei de ouvir pessoas dizendo que não precisam anotar uma determinada tarefa porque não vão esquecer. Passada meia hora, elas já não se lembram de que disseram isso, muito menos o que tinham para fazer. Particularmente, anoto tudo o que tenho para fazer, e isso não serve apenas para que eu não me esqueça de minhas tarefas, mas também para ver quando a tarefa foi feita. Essa informação pode ser muito útil e já me ajudou inúmeras vezes. Se um cliente diz que meu motoboy não entregou um documento na semana passada, consulto a agenda e digo que ele o entregou tal dia para Fulano de Tal. Dito e feito, lá está a entrega. Isso me economiza tempo e dinheiro (pois não vou ter de mandar o motoboy de novo) e mostra para o cliente que sou organizada e confiável. Se eu fosse confiar na memória, estaria perdida. Então, anote o que tem a fazer e faça disso um hábito.

Eu uso uma agenda comum, daquelas que têm uma página para cada dia e entradas de horários ao longo da página. Para compromissos com hora marcada, anoto no horário e, o restante das tarefas, procuro priorizar por importância. Além da agenda, tenho um calendário mensal que uso exclusivamente para marcar reuniões, gravações, sessões de foto do meu marido (sim, além de tudo eu cuido da agenda dele) e compromissos externos. Assim, quando um cliente liga para agendar algo, seja comigo ou com meu marido, não preciso ficar folheando a agenda. É só olhar o calendário mensal e já tenho um panorama de todos os compromissos marcados para aquele mês. No início do ano, imprimo um calendário para cada mês e agendo os compromissos futuros, ainda que estejam distantes; assim posso me programar e não ser pega desprevenida. É claro que imprevistos acontecem, mas uma mudança ocasional que requeira jogo de cintura é diferente de viver sambando descompassada todo dia.

Se você ainda não tem uma agenda, mas tem condições de comprar uma, faça isso. Vale como investimento. Se você não tem como comprar agora, use um caderno e marque à mão mesmo os dias. Isso já a auxiliará a se organizar. E para dar uma ajuda nesse assunto de organização, você poderá fazer o download do Calendário Mensal Bolsa Blindada. É o primeiro item do nosso conteúdo extra feito exclusivamente para você. Ai, que chique! Para que você possa usá-lo em qualquer época do ano, o modelo está em branco, bastando apenas preencher a data em que for começar a usá-lo. Aproveite e anote também a data de aniversário das pessoas mais próximas, as quais você geralmente presenteia. Assim, poderá programar a compra dos presentes sem ter de entrar no cheque especial ou estourar o cartão de crédito. Veja como preencher a partir do exemplo na página ao lado. É bem simples, como geralmente os processos eficientes o são. Nada de complicação, a intenção é facilitar!

O calendário também vai ajudá-la a visualizar se tem usado bem o seu tempo ou não. Para baixá-lo, é só acessar o blog www.bolsablindada.com.br e clicar na seção "Extras Bolsa blindada 2".

Todo material extra virá com essa ilustração para que você se lembre de que economia começa nas pequenas coisas e que todo real (ainda que seja uma moedinha) tem seu valor e não deve ser desperdiçado!

Calendário Bolsa Blindada

Maio/2014

Segunda	Terça	Quarta	Quinta	Sexta	Sábado	Domingo
			1 FERIADO	2	3 Escrever posts da semana	4
5 Níver da Sandra	6	7 Visitar clientes	8	9	10 Gravar áudios	11
12	13	14	15 Reunião de briefing	16	17 Escrever posts da semana	18
19	20 Pagar impostos	21	22 Entregar trabalho	23	24	25 Almoço com a mãe
26 Jantar com o marido	27	28	29	30 Fechar faturas	31 Reunião J. Dias	

www.bolsablindada.com.br

Hoje eu me levantei para vencer

Mudar hábitos nunca é fácil, e o tempo pode ser um forte inimigo. É a tal história: você começa com pique total hoje; amanhã ainda está firme; mas depois de amanhã o gás já começa a escapar. Na semana seguinte, depois de tantos contratempos, você murcha e percebe que deixou seus projetos de lado — de novo — e voltou à estaca zero. Que desânimo! Aí você pensa: "Eu não tenho jeito mesmo! É sempre assim, não adianta achar que vou mudar... Eu nunca termino nada!".

A boa notícia é que isso não acontece só com você. A má notícia é que depende somente de você vencer o tempo, o desânimo, o passado frustrante e tudo o que já foi fogo de palha em sua vida. É muito fácil postar no Facebook frases como "Quem olha para o passado vive um presente que não tem futuro", mas, na vida real, é preciso muito mais do que digitar um pensamento que seus amigos vão curtir na hora e esquecer depois de dez minutos. Nesse mundo descartável em que vivemos, muitas coisas se perdem, muitos afazeres não saem do papel e várias boas ideias são descartadas antes mesmo de serem analisadas. Por isso, você deve ser uma pessoa focada, organizada e firme. Além disso, você precisa ser a sua própria treinadora. Isso mesmo! Nem sempre (ou quase nunca) vai haver alguém ao seu lado, gritando palavras de incentivo e torcendo por você, para vê-la cruzar a linha de chegada. A pessoa que você mais escuta é a si mesma. Neste minuto, enquanto você lê estas palavras, existe uma conversa aí dentro da sua cabeça. "Puxa, eu já comecei tanta coisa na vida e não cheguei nem na metade... Será que desta vez vai? Será que esse livro vai mesmo me ajudar ou vai ser outra perda de tempo?" Essa é você conversando consigo!

Se você tiver o costume de se colocar para baixo — coisa muito comum entre as mulheres — aonde acha que vai chegar? Você precisa ter confiança em si mesma e parar de ficar se autoboicotando. Não é uma questão de manter pura e simplesmente um pensamento positivo, mas, sim, uma questão de perspectiva. Se achar que não consegue, já colocou um obstáculo entre você e o que quer. Já imaginou se eu achasse que nunca iria ao Amaury Jr.? Lembre-se: você só chega aonde a sua imaginação chegar primeiro. Então, de que adianta ficar pensando que não vai conseguir?

Muitas vezes a gente se habitua a ouvir o que os outros acham de nós e acabamos assumindo essas opiniões como se fossem 100% corretas. Lembro-me de como todo mundo falava que minha irmã era tímida, que ela tinha vergonha de falar com as pessoas e que esse era o jeito dela. Só que, entre nós, ela sempre foi engraçada e nunca perdia uma piada. No entanto, bastava chegar alguém de fora para que ela se transformasse na Sandra tímida. Quanto mais as pessoas falavam isso a respeito dela, mais tímida ela ficava. Ela assumiu uma timidez que, na verdade, nem tinha. Quando surgia uma oportunidade qualquer, todo mundo já dizia que "se ela não fosse um 'bicho do mato', até poderia aproveitar, mas como ela era tímida...". Com isso, ela foi se fechando e, a cada vez, tornava-se mais tímida. Na cabeça dela, era como se todo mundo a estivesse julgando, e pior, condenando-a. Achava-se desajeitada, inadequada, e não acreditava em si mesma. Essa timidez chegou ao ponto de ela achar que ficava ridícula carregando uma sacola, andando com um guarda-chuva ou fazendo sinal para um ônibus parar! Ela não carregava nada, mesmo que precisasse, e tomava chuva como se estivesse tudo bem. Quando começou a trabalhar, por várias vezes eu tive de ir com ela até o ponto de ônibus só para dar o sinal e fazer o ônibus parar, a fim de que ela embarcasse. Ninguém sabe de onde ela tirou essas ideias, mas esse é um exemplo claro de que a conversa que temos conosco tem de nos colocar para cima sempre. Do contrário, nossos pensamentos vão ficar sem pé nem cabeça e só nos farão reféns de coisas que não fazem o menor sentido.

Com o tempo, a Sandra foi mudando e se conscientizando de que ela não era essa pessoa que os outros diziam ser. Após alguns anos de casamento, ela se mudou para outro país e teve de se virar sozinha para resolver absolutamente tudo. Aquela pessoa que tinha vergonha de falar com os outros teve de aprender, sozinha, outro idioma, sem ter tempo de ir a uma escola. Era sair na rua com a cara e a coragem e falar o pouco que sabia. No começo, errava mais do que acertava, era alvo de gozação, mas por fim aprendeu. Um dia eu liguei para ela e percebi que me atendeu meio sem fôlego, então perguntei se ela estava ocupada. "Sim, eu estou rachando lenha para a lareira!", foi o que me respondeu. Como assim? Eu não podia acreditar! Rachando lenha? Aquela pessoa que nem carregava sacola de plástico? Antes, ela não queria nem ter um guarda-chuva, mas agora possuía seu próprio machado de lenhador! Uau!

Você não deve ficar dando ouvidos para o que todo mundo diz a seu respeito. Às vezes, as pessoas não têm noção do mal que estão fazendo ao dizer coisas como: "Esse menino é uma peste!" ou "Essa daí não vai arranjar marido, não... Chata do jeito que é!". Esses rótulos de peste, chata, implicante, tímida, incapaz etc. não ajudam em nada. Você não deve aceitá-los, e menos ainda se autorrotular. Você pode ser aquilo que quiser; então, deseje coisas boas para si mesma. Todas as manhãs, quando abrir os olhos, pense: **"Uma blindete se levantou para vencer!"**. Não importa se está frio ou calor, chovendo ou fazendo sol. Seja dia de semana, sábado, domingo, seja feriado, você tem de determinar que se levantou para vencer. Quer sinta vontade, quer não, repita isso para si mesma. Olhe-se no espelho, se necessário, e diga em voz alta. Não adianta nada ficar se lamentando ou cantando derrota, mesmo que a situação esteja ruim. Não se trata de tapar o sol com a peneira, mas de mudar a ótica, dar mais ênfase ao que pode ser do que ao que é. Está ruim? Ok, mas pode melhorar e é isso que interessa.

Como eu gosto de leituras que me coloquem para cima, gosto muito de ler a Bíblia, e nela há um trecho muito interessante em Joel 3:10, que diz:

> "Forjem os seus arados, fazendo deles espadas;
> e de suas foices, façam lanças.
> Diga o fraco: 'Sou um guerreiro!'"

O povo daquela época tinha de se preparar para uma guerra. Porém, além de não serem soldados, eles não tinham nem sequer as armas necessárias para lutar. Eram agricultores, por isso tinham apenas enxadas e foices. E mais: eles eram fracos. Apesar disso, a palavra era positiva: *façam as suas armas e não cantem derrota*. Trocando em miúdos: *vocês têm de se virar, e serão aquilo que disserem que são*. Ponto final.

Todas as vezes que você se colocar para baixo ou que alguém tentar fazer isso com você, está na hora de pôr em prática o "Momento Epa!".

Basta! É hora do "Momento Epa!"

Tenho um amigo publicitário daqueles que não têm hora para parar de trabalhar. Ele é diretor de criação, então quando as ideias vêm, ele aproveita a inspiração e vai em frente. Se precisar virar uma ou duas noites, tudo bem! O importante é fazer o trabalho e só parar quando acabar. E se no meio do processo ele tem uma ideia melhor, para tudo e começa de novo. Esse "ritmo Rodrigo" de trabalho cobra seu preço, que ele paga com a insônia. As ideias surgem e ele simplesmente não consegue dormir.

Certa vez, depois de ter virado algumas noites trabalhando, Rodrigo chega ao condomínio de madrugada e estaciona o carro na garagem. No prédio dele, os carros têm de ficar destrancados e com a chave dentro, pois, pela falta de espaço, um morador tem de manobrar o carro do outro para poder sair. Quem chega por último acaba parando atrás de quem chegou antes. Mas nessa madrugada, com a falta de sono e o cansaço, ele se esqueceu desse detalhe, trancou o carro e subiu. Quando caiu na cama, até a insônia estava cansada demais, e então ele apagou.

De manhã, quando o vizinho foi trabalhar, o carro do Rodrigo o impedia de sair. O porteiro chamou pelo interfone, bateram na porta do apartamento, mas nada de o Rodrigo acordar. Cerca de 40 minutos depois, ele acorda e ouve o alvoroço. Atende o interfone e desce para a garagem ciente de que tinha pisado na bola com o vizinho. Já foi logo pedindo desculpas, explicando que havia trabalhado demais etc. Mas o vizinho estava louco da vida. Era o dia do rodízio de seu carro (na cidade de São Paulo, a circulação dos carros afetados pelo rodízio só pode acontecer, pela manhã, antes das 7 horas e após as 10 horas). Já havia passado das 7 horas, e o vizinho não ia poder mais sair com o carro. Ele estava gritando aos quatro ventos. Rodrigo se desculpou mil vezes, disse que realmente não devia ter feito aquilo e que o único jeito de tentar consertar era pagar um táxi para que o vizinho pudesse chegar a tempo no trabalho. Porém, em vez de dar o caso como solucionado, o vizinho continuou gritando e reclamando para o condomínio inteiro ouvir. Rodrigo manteve a paciência e tentou acalmá-lo de todo jeito, até que, ainda muito nervoso, o vizinho o xingou e passou a ofendê-lo pessoalmente. Foi aí que meu amigo teve o que eu chamo de "Momento Epa!".

Depois de ser ofendido, Rodrigo perdeu a paciência, olhou bem para o vizinho e disse com voz firme e decidida: "Chega! Eu estou aqui reconhecendo que errei, pedindo desculpas e oferecendo uma solução. Você tem todo o direito de estar nervoso, mas você não pode me ofender!". Pronto, foi o que bastou para acabar com aquela confusão. O vizinho caiu na real, baixou a bola, pediu desculpas e disse que ia resolver por si só, afinal, não era o fim do mundo.

Às vezes, nos vemos numa espiral tão maluca que, se não tivermos um "Momento Epa!" para dar um basta, a coisa não vai para frente. E é assim que você tem de fazer com as questões que a colocam para baixo. Se sua situação financeira está caótica, se você acorda e vai dormir com credores e mais credores telefonando, se você tem sido humilhada no trabalho ou se tem sido vítima de algo que tem tirado a sua paz, é hora de ter um "Momento Epa!".

Não significa que você vai sair gritando com as pessoas ou tendo um chilique (não confunda o poderoso "Momento Epa!" com o vergonhoso "piti"). O que você deve fazer é dar um basta **na situação**, sem ofender ninguém e sem perder a razão.

Como contei no livro *Bolsa blindada*, no início da década de 2000, passei quase um ano recebendo cobranças por causa de uma loja que não deu certo e me deixou com uma dívida enorme. Alguns credores sabiam como cobrar, falavam com tranquilidade, propunham soluções. Outros, porém, já partiam para as ameaças e para os xingamentos, como se eu tivesse culpa — pessoalmente — de ter tomado inúmeros calotes e de o Osama bin Laden ter invadido meu comércio (conto isso com detalhes no livro). Naquela época, eu estava me sentindo tão mal, tão "ninguém", que concordava com o que as pessoas diziam.

Se me chamavam de irresponsável, eu concordava. Se diziam que eu merecia a situação que estava enfrentando, eu concordava. Se afirmavam que eu tinha feito a maior burrada do mundo, eu concordava. Todo mundo me colocava para baixo e sabe o que eu fazia? Eu ia para mais baixo ainda! Até o dia em que uma credora me ligou fazendo uma ameaça absurda:

— Patricia, estou saindo agora de Minas Gerais e indo aí para São Paulo buscar o seu carro como pagamento da dívida que você tem comigo. Em 5 horas, mais ou menos, eu chego aí. Fique em casa me esperando senão a coisa vai ficar feia para o seu lado! Não saia daí, entendeu? Você está entendendo o que eu estou falando?

Foi aí que eu acordei e tive o meu "Momento Epa!"(ainda que eu não tivesse dado esse nome a ele):

— Como assim você está vindo buscar meu carro? Eu lhe devo R$ 1.500 e você quer um carro de R$ 43.000? Ainda por cima está me ameaçando! Por acaso está fora de si? As coisas não se resolvem dessa forma e você não tem o direito de vir a minha casa confiscar coisa nenhuma! Além disso, você acha que eu ainda tenho aquele carro? Se me ameaçar novamente, eu vou chamar a polícia!

De ameaçadora, a credora passou a se fazer de vítima. Pediu desculpas e quase chorou ao telefone, dizendo que precisava demais de dinheiro, mas estava tão confusa que não lembrava que a dívida era tão pequena. Ela também estava com dívidas e não sabia como pagá-las. Seus credores a ameaçaram, então, ela se achou no direito de me ameaçar também. Eu estava devendo sim. Tinha o dever de pagar sim. Mas ninguém tinha o direito de fazer ameaças nem de perturbar a minha paz, telefonando desde as 6 horas da manhã até meia-noite. Desse dia em diante, eu coloquei regras e só atendia as pessoas em horário comercial. Eu lhes devia dinheiro, não a minha vida. E não eram ameaças que iriam resolver a questão.

Você deve analisar as coisas que acontecem em sua vida e garantir que as pessoas lhe deem o devido respeito e valor. Ninguém pode ofendê-la ou humilhá-la. Se você tem um chefe que a desrespeita, converse com ele com calma e exponha o problema. Coloque suas condições e exija respeito. No entanto, você só irá conseguir isso agindo com a cabeça, e não no calor da emoção. Não é gritando, não é ofendendo e não é falando mal dos outros. E mais: não é mandando indiretas ou lavando roupa suja nas redes sociais! Lembre-se: o "Momento Epa!" é 100% racional e 0% emocional.

Outra coisa que tenho visto com certa frequência ultimamente é o fato de algumas pessoas se apoderarem do que é dos outros. Parece mentira, mas já recebi mensagens de filhas perguntando como se livrar da mãe que gasta todo o salário delas. Ou do pai, que exige uma porcentagem do salário da filha todo mês, por ter conseguido um emprego para ela — uma espécie de "comissão" —, que ele usa sabe para quê? Para dar a outra pessoa que trabalha e ganha mais do que a filha! Eu fico bege com essas coisas!

Outras relatam que têm de pagar todas as contas da casa sozinhas, pois os pais alegam que as sustentaram desde o nascimento e que agora querem o "retorno do investimento". E não pense que foram meia dúzia de mensagem desse tipo não, antes fossem! São inúmeras e do Brasil todo. Concordo que a jovem solteira, que ainda vive com os pais, ajude nas despesas da casa, mas assumir tudo só porque os pais querem seu "investimento" de volta é absurdo. Cuidar de filho não é investimento, é obrigação. Ajudar é uma coisa — e estou de acordo com isso —, mas obrigar o outro a carregar a casa toda nas costas já não me parece justo.

Se você vive uma situação parecida, coloque regras. Veja com qual quantia pode ajudar e colabore fielmente. Faça a sua parte de maneira que ninguém tenha o que reclamar. Mas não deixe ninguém se aproveitar de você, seja lá quem for. Tudo tem limite na vida, e quando a coisa sai dos eixos é hora do "Momento Epa!".

Você também deve ter equilíbrio entre reconhecer a hora de ouvir e acatar e a hora de dar um basta na situação. Às vezes, somos repreendidas em alguma coisa e, no momento, é claro que não gostamos. Chegamos até a ficar com raiva da pessoa que nos chamou a atenção ou fez alguma crítica. É preciso, todavia, analisar se essa repreensão é algo que pode lhe fazer bem, se tem fundamento e se pode ser usada como trampolim para um salto mais alto amanhã. Muitas vezes, pensamos que estamos arrebentando em determinada situação, mas pode não ser bem assim. Nessas horas, um amigo, um parente ou um colega de trabalho pode nos dar um toque e nos alertar sobre nossos erros. É preciso discernir entre a crítica construtiva e a falta de respeito a fim de jamais usar o "Momento Epa!" em hora errada.

Como exercício prático, convido-a para fazer uma pausa e pensar em sua vida. Se puder, faça isso agora mesmo, afinal, você merece ter um momento só seu. Analise se está sendo desrespeitada pelos outros; mas, principalmente, veja se você mesma está se desvalorizando. Se você não der a si mesma o devido valor, será quase impossível obtê-lo da parte dos outros. Você é a primeira pessoa que deve se respeitar. E como você é a pessoa que mais conversa consigo mesma, dê um basta nos pensamentos negativos, de derrota, fracasso e tudo mais que possa colocá-la para baixo. Use as linhas a seguir para escrever em quais situações atualmente é preciso ter um "Momento Epa!" e programe-se para dar um basta no que não deve mais existir na sua vida.

Coisas que pedem um "Momento Epa!"

Coisas que pedem um "Momento Epa!"

Xô, uruca!

Para complementar esse exercício, anote nas linhas a seguir todos os pensamentos **negativos** que você tem tido sobre si mesma. Vasculhe sua mente e escreva todos, um a um. Faça isso a lápis. Depois de terminar, pegue uma borracha, apague o negativo e altere a frase colocando-a no positivo. Por exemplo, se você escrever algo como "Eu nunca faço o que falo, só prometo e nunca cumpro", apague e reescreva assim: "Eu faço o que falo, prometo e sempre cumpro". Essa é a nova você! A partir de hoje, você dará a si mesma uma chance de mudar. Creia em você antes de qualquer coisa, e lute para que a "nova você" seja realmente o que a frase diz. A velha você já era, agora é tudo novo em sua vida!

O NEGATIVO PASSA A SER POSITIVO EM MINHA VIDA

_____
_____
_____
_____
_____
_____
_____

O NEGATIVO PASSA A SER POSITIVO EM MINHA VIDA

Capítulo 2

Planilhas de orçamento e tabelas de controle

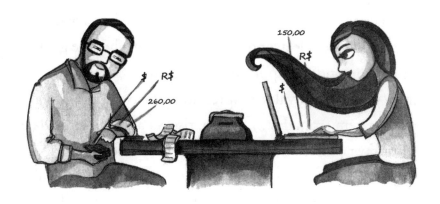

Sua mais nova amiga de infância

Algumas leitoras me escrevem no blog dizendo que leram o livro *Bolsa blindada*, acompanham as postagens regularmente, sabem que devem ter uma planilha, mas não querem "ter o trabalho de ficar fazendo planilhas". O que elas perguntam é se há outro meio substitutivo de controlar as finanças. Bom, se alguém aí souber de outro método, por favor me avise, pois ainda não encontrei. Aliás, que implicância com as planilhas! Elas só querem ajudar, e ainda tem gente que fica reclamando... É como quando sua mãe queria lhe apresentar uma amiguinha nova e você ficava torcendo o nariz e dizendo que ela devia ser chata, feia e iria estragar todas as suas bonecas. Deixa disso, menina! Vai perder a chance de conhecer sua mais nova amiga de infância só porque acha que ela é chata? Ela é legal!

Quando fiz meu primeiro protótipo de planilha — ainda criança — usei uma cadernetinha que havia ganhado de minha mãe. Nela, anotava todo dinheirinho que ganhava e ia somando. Depois, marcava quando minha mãe ou irmã pediam um valor emprestado e ficava cobrando até me pagarem (coitadas...). Então, riscava a linha da dívida e restaurava o crédito delas. Era uma espécie de microbanco! Copiei o costume de anotar tudo vendo uma cadernetinha de meu avô. Na década de 1960, pouca gente no bairro tinha conta em banco, pois havia muitos estrangeiros que não estavam com sua documentação em dia. Como meu avô possuía uma condição financeira razoável, acabava emprestando dinheiro a juros para vários vizinhos. Naquela época, essa era uma saída interessante para quem precisava de crédito e não tinha como obtê-lo por meios oficiais. Mas, vale a ressalva: pelo amor de Deus, meninas, fujam dessa roubada nos dias de hoje, hein?

Quando eu era criança, meu avô já não emprestava mais dinheiro. Porém, seu costume me mostrou que era valioso anotar as coisas, pois se o nome da pessoa estivesse na caderneta, isso significava que ela estava devendo. Quando o valor era riscado, era uma prova de que a parcela do mês havia sido paga. Interessante como as pessoas confiavam mais umas nas outras, né? Mas não vamos nos enganar. Naquela época, meu avô também levou uma série de "canos". Minha mãe seguiu o mesmo exemplo e também anotava tudo na cadernetinha dela; assim, eu também tinha de ter a minha! Desde então, fui modificando minhas anotações conforme a necessidade. Para quem é mãe, vale outra ressalva: se você é descontrolada com o dinheiro, provavelmente seus filhos também serão. Assim como eu copiei o hábito de anotar na caderneta, eu poderia ter ido pelo caminho oposto se o exemplo em casa fosse o de torrar tudo até o último centavo. Lembre-se sempre de que a criança não faz o que lhe mandam, mas o que ela vê. Agora, se você não teve bons exemplos na infância, isso não lhe dá o direito de ser descontrolada hoje, pois você está tendo a chance de aprender. Nada de ficar justificando os erros; vamos corrigi-los!

Estou certa de que quando conhecer melhor a função das planilhas, você se surpreenderá ao ver como elas são excelentes ajudantes. Verdadeiras amigas! Para mostrar que você só tem a ganhar, deixe-me apresentar a história de Mariana Pozzi, uma blindete que mudou de vida ao descobrir que tinha mais dinheiro do que pensava.

A mágica de Mariana

Uma de minhas primeiras blindetes foi Mariana Pozzi. Apesar de trabalhar em um banco, ela não tinha o menor controle sobre o próprio dinheiro e vivia no vermelho. Por dois anos, ficou patinando com uma dívida no cartão de crédito, daquelas que você paga o rotativo em um mês e o saldo a pagar vem ainda maior no mês seguinte. A desorganização chegou a tal ponto que, passado algum tempo nesse chove-não-molha, a dívida atingiu a casa dos R$ 10.000. Nesse ponto, Mariana começou a buscar ajuda na internet e encontrou o blog Bolsa Blindada, adquirindo também o livro logo em seguida. Ao colocar em prática as dicas e mudar alguns costumes, ela notou uma diferença significativa no orçamento da casa.

No passado, Mariana achava que o salário dela e o do marido eram muito baixos e, por isso, não podiam morar em um apartamento melhor nem tirar a corda do pescoço. Pagar a dívida? Nem pensar! Era melhor nem abrir a fatura do cartão para evitar aborrecimentos... Porém, o problema do casal não era ter salário baixo, e sim o descontrole total com as contas.

Quando Mariana soube da importância de se ter uma planilha orçamentária e de se anotar todos os gastos diários — principalmente os pequenininhos que achamos não ser nada demais — ela resolveu fazer o teste. Saiu do piloto automático e passou a prestar atenção em seus hábitos como consumidora. Rapidamente notou que o salário dos dois era suficiente para quitar a dívida. Porém, em vez de fazerem isso, eles iam ao cinema todo final de semana, frequentavam restaurantes quase que diariamente e não faziam o menor esforço para sair daquela situação. Ao somarem os gastos supérfluos, eles notaram que, em uma semana, chegavam a gastar R$ 700 só em "bobagens". Ela e o marido resolveram diminuir os supérfluos e cortar o desperdício. Levando tudo na ponta do lápis, ao final do primeiro mês, conseguiram economizar R$ 500. No mês seguinte, repetiram a dose e economizaram outros R$ 500. Com essa nova perspectiva, Mariana renegociou a dívida no banco e colocou como objetivo principal quitá-la totalmente. Adquiriu o hábito de fazer lista de supermercado e passou a economizar R$ 200, em média, na compra mensal. O desperdício nas contas de água e luz também foi cortado. Somando todas as economias, ao final de um ano, tinham guardado R$ 2.600,00. Com um detalhe: também quitaram toda a dívida nesse período. Antes, não sobrava nada e a dívida era jogada para debaixo do tapete; depois, além de ter o débito quitado, ainda sobrou dinheiro. Se eles não tivessem contado com a ajuda da planilha, estariam com uma dívida ainda maior, sem saber por onde o dinheiro estava escapando.

Ao zerar a dívida e aprender a usar o dinheiro de forma inteligente, o casal resolveu voar mais alto. Saíram da quitinete em que moravam e se mudaram para um apartamento de dois quartos. Nas férias, o casal foi para um resort no interior de São Paulo e aproveitou dias de muita mordomia. Eles nunca haviam feito isso por acharem que seu orçamento não era suficiente para uma despesa assim. Na verdade, o orçamento era suficiente, o problema é que Mariana não conhecia essa amiga tão querida que é a planilha orçamentária, que foi quem lhe mostrou que o sonho das férias era possível. E o melhor: sem grandes sacrifícios. Foi uma questão de empenhar um pouco de tempo e atenção. Aliás, essa amiga chegou na hora certa na vida do casal, pois depois de colocarem as contas em dia, descobriram que seriam papais! Com o controle do dinheiro na ponta do lápis, o casal pôde trocar a moto por um carro e esperar pelo Davi com tudo prontinho. Aliás, Davi veio ao mundo no mesmo ritmo, pois, antes mesmo de nascer, os papais abriram uma poupança para ele, a qual recebe R$ 100 todo mês. Depois de aprenderem o caminho, não pararam por aí. Já se programaram e pagaram antecipadamente a próxima viagem de férias. Quer mais? Estão até planejando a compra da casa própria! E aí? Ainda acha chato fazer planilhas? A Mariana acha o máximo!

Como preencher sua planilha orçamentária

Antes de qualquer coisa, você precisa conhecer os três tipos de gastos que existem e classificar suas contas em um deles. Todos os gastos devem se encaixar em uma destas classes: **fixo**, **variável** ou **arbitrário**. É mais fácil do que parece. Vamos ver como classificá-los usando alguns exemplos.

Gastos fixos

São aqueles pagos todo mês, cujo valor não varia, ainda que em determinado período sofram reajustes. Aqui se enquadram despesas como:

- Aluguel.
- Assinatura de jornais e revistas.
- Condomínio.
- Educação (escola dos filhos/faculdade/cursos livres).
- Internet.
- Mensalidade da academia.
- Parcela de IPVA, IPTU e outros impostos.
- Parcela de seguros (saúde, veículo, residencial, pessoal).
- Prestação de empréstimos, compras parceladas ou financiamentos.
- TV por assinatura.

Gastos variáveis

Também são pagos mensalmente, mas seus valores variam, como:

- Compras da casa (supermercado, feira/sacolão).
- Contas de consumo (água, luz, gás, telefones fixo ou celular).
- Educação (materiais de apoio como cadernos, livros, cópias etc.).
- Farmácia (remédios de uso contínuo e outros).
- Transporte (ônibus, metrô, trem, táxi, combustível, estacionamento etc.).

Gastos arbitrários

São aqueles que ocorrem sem periodicidade prevista e que raramente são programados. Também entram nessa categoria os gastos emergenciais, para os quais deveríamos ter uma reserva, mas quase ninguém pensa neles. Por isso, os gastos arbitrários podem ser os vilões do seu orçamento. Olho vivo!

- Artigos para casa.
- Conserto/manutenção (carro, casa).
- Cuidados pessoais (cabeleireiro, depilação, massagens, esteticista etc.).

- Lazer e entretenimento (cinema, teatro, programa com as crianças, viagens etc.).
- Presentes.
- Restaurante.
- Vestuário (roupas, calçados, acessórios).

Para começar a preencher sua planilha, junte todas as contas, pois você vai precisar consultar a data de vencimento e o valor. Reúna também todos os gastos arbitrários que lembrar e coloque uma média das despesas que tem realizado. Não se preocupe se essa for a primeira vez que está fazendo isso, pois você poderá baixar alguns modelos de planilhas em meu blog.

Gastos arbitrários: muita atenção!

Já perdi a conta de quantas consultorias dei a pessoas que dizem que o dinheiro delas desaparece. As frases variam, mas o sentido é o mesmo:

> "Eu não gasto com nada e quando vou ver, cadê o dinheiro?"

> "Eu não compro nada para mim, economizo em tudo, mas o dinheiro some!"

> "Tem alguma coisa errada, acho que o banco está me roubando..."

É como aquela pessoa que engorda a cada dia, mas diz que não come nada. Deve ser a tireoide, os hormônios, a tendência etc. Salvo um ou outro caso, em que realmente acontece isso, a maioria ataca mesmo a geladeira. E pior: sem perceber. A pessoa faz uma refeição mais leve, mas depois come um pedacinho de torta de nozes, recheada com ganache de chocolate e coberta com farofa de paçoca de amendoim. No outro dia, ela vai no prato light, mas, em seguida, manda ver e pede um merenguinho de morango. No domingo, acha que merece um pedação de pudim de leite condensado com muita calda de caramelo, já que maneirou a semana toda! Isso sem falar no sal, nos litros de suco e refrigerante abarrotados de açúcar. E por aí vai. São pedacinho? São. É só um suquinho? É, mas o problema é a constância: num dia, sim; no outro, também!

Outro vilão é a questão de estar sempre no piloto automático: acordar, comer, gastar e viver sem pensar. É o que as pessoas fazem na maior parte do tempo. Com isso, não percebem o que está acontecendo ao seu redor nem em sua própria atitude.

Assisto de vez em quando a um programa inglês muito interessante que, no Brasil, ganhou o nome de *Comendo Escondido*. O programa apresenta várias pesquisas que mostram a realidade da alimentação de cidadãos do Reino Unido, além de alguns testes que exemplificam como o comportamento humano é cheio de vícios. Como todo vício, as pessoas os praticam sem se dar conta. O programa acompanha, por duas semanas, alguém que diz não saber por que está engordando. Ele acha que existe algum mistério que o faz aumentar de peso, pois acredita que come menos do que deveria, e sua dieta está dentro do que se consideraria normal. Para tirar a prova, são instaladas câmeras na casa dessa pessoa, com a ciência e o consentimento dela. Porém, além das câmeras, há dois detetives que seguem a pessoa, contando com a ajuda de parentes e amigos que "entregam" os hábitos alimentares do participante. Juntando tudo, eles têm vídeos, depoimentos e provas de como a pessoa agiu durante aquele período.

No momento da verdade, a pessoa é pega de surpresa e convidada a ver, sobre uma mesa enorme, tudo o que comeu durante duas semanas. São quantidades absurdas e combinações inacreditáveis. Ela também assiste às imagens das câmeras e, em quase 100% dos casos, percebe que come escondida de si mesma. Como é isso? Fácil! Ela come pacotes e pacotes de batata frita assistindo à TV sem perceber. Repete o jantar porque o come distraída, em frente ao computador, achando que o primeiro prato não foi suficiente. Devora três ou quatro pedaços de bolo tão rapidamente que acha que "só" comeu dois, e assim por diante. É mesmo muito interessante ver a expressão da pessoa assistindo ao vídeo de si mesma fazendo coisas que ela poderia jurar que nunca fizera. Detalhe: sabendo que está sendo monitorada por câmeras em casa! Mesmo ciente da vigilância, a uma certa altura, o hábito se torna mais forte do que o desejo de não fazer feio, e a pessoa volta a agir como sempre.

A força do hábito é realmente arrebatadora, e quando ele atinge nosso bolso, ficamos desnorteadas, achando que o problema é o salário, a inflação, o tio da padaria que aumentou o preço do pão ou de você ter nascido com dois pés esquerdos. É claro que muitas coisas no Brasil são absurdamente caras quando comparadas com o valor cobrado em outros países. No geral, porém, são os gastos pequenos e constantes que levam o nosso precioso dinheiro. Você percebe o gasto grande e até se programa para fazê-lo ou evitá-lo. Já os pequenos são como cupins, que corroem o pé da cama sem ninguém perceber, até a noite em que você acorda apavorada e se dá conta de que está no chão!

Gastar R$ 10 ou R$ 20 aqui e ali não vai matar ninguém, desde que seja de vez em quando. O problema é quando isso vira um hábito. Vejamos um exemplo clássico: o dos fumantes. Vou avisando às não fumantes: não pulem esta parte, pois vocês vão se surpreender ainda mais no final!

Dinheiro virando fumaça

Vamos usar o exemplo dos fumantes para mostrar como um gasto pequeno, mas constante, pode comprometer a renda de toda a família.

Veja o seguinte panorama: uma pessoa que fuma um maço de cigarros por dia, ao preço médio de R$ 7, tem o seguinte gasto:

R$ 7 x 30 dias = R$ 210/mês
R$ 210 x 12 meses = R$ 2.520/ano
R$ 2.520 x 10 anos = R$ 25.200

Este fumante gasta mais de R$ 2.500 por ano para manter o hábito. Em dez anos, terá gastado mais de R$ 25.000. Aí você diz: "Puxa! Ainda bem que eu não fumo!". Bem, já que você não fuma, eu lhe pergunto: onde estão os R$ 25.000 que você acumulou durante os últimos dez anos? Ou onde estão os R$ 2.500 que você deixou de gastar no ano passado, uma vez que não tem esse vício? Aí é que mora o perigo! Você pode não ter esse gasto diário, no entanto, certamente tem outros que fazem com que seu dinheiro "suma". O fumante sabe que o dinheiro dele virou fumaça, mas e o seu? Para onde foi?

O problema é que a pessoa acomoda o salário de forma a atender aos seus desejos e hábitos imediatos, sem definir um objetivo mais direto para o dinheiro. Quando você tem um alvo, passa a ver as coisas com mais atenção e dirige seus esforços para alcançá-lo. É por isso, aliás, que os videogames viciam tanto. Você não joga por jogar, mas para ganhar pontos, passar de fase, ganhar um poder maior e assim por diante. Sempre há um objetivo maior que conduz o jogador a continuar ali, por horas e horas a fio.

Na vida, quando não há objetivos, a tendência é ir empurrando as coisas com a barriga ao estilo Zeca Pagodinho: "Deixa a vida me levar, vida leva eu". Assim, como boa parte do seu orçamento vai para os gastos arbitrários feitos automaticamente, a proposta do próximo exercício é que você se conheça melhor como consumidora e pare de gastar "escondido" de si mesma. Tendo de anotar a despesa, você vai precisar estar atenta, e isso já é meio caminho andado: você terá saído do automático. Mas, para que anotar? Qual o sentido disso? Ah... Essa é a melhor parte! Vamos dividi-la em três itens:

1. Você vai saber para onde vai o seu dinheiro.
2. Irá analisar quais despesas pode diminuir ou cortar, fazendo o dinheiro aparecer.
3. Decidirá para onde vai direcionar essa economia.

É aí que entra uma parte essencial do controle financeiro: **ter objetivos**. Se você não tem motivos para adotar essa nova rotina e implementar essas mudanças em seu comportamento, cedo ou tarde vai abandonar tudo e voltar à estaca zero. Por isso, antes de começar a anotar os gastos arbitrários, pare por alguns instantes e liste nas **Tabelas de objetivos** o que você faria se tivesse dinheiro. Teremos três tipos de tabelas de objetivos: de curto, médio e longo prazo. Vai ser incrível quando você começar a conquistar um a um e passar a traçar outros. Você verá que é capaz e, além de se surpreender, vai fazer cair o queixo de muita gente que não acreditava em você!

Objetivos de curto prazo

São aqueles que você deseja realizar em um período de até um ano. Podem ser as tão sonhadas férias, um curso que você queira começar no próximo ano ou algum bem material que deseje ou precise adquirir dentro desse período.

Para quem nunca fez um planejamento na vida, pode começar traçando objetivos de curtíssimo prazo, até ir pegando o jeito. Por exemplo: economizar durante a semana para levar seu filho ao parque de diversões no domingo. É bem simples: você vai levantar o valor do passeio e tudo o que deseja incluir nele.

- Transporte até o parque.
- Entrada.
- Refeições.
- Total de atrações extras em que seu filho poderá ir e o valor de cada uma.
- Despesas extras como sorvete, suvenir etc.

É bacana colocar tudo na ponta do lápis para poder levantar o valor de um passeio realmente prazeroso. Afinal, chegar ao parque e começar a podar seu filho porque não tem dinheiro nem para um saco de pipoca não é nada legal. Nem, ao contrário, deixá-lo fazer tudo o que quiser e depois não ter dinheiro para mais nada até o final do mês...

Sabendo o quanto vai gastar, analise como esse dinheiro irá aparecer. Exemplo: digamos que você vá gastar R$ 50 nesse passeio e que queira fazê-lo dentro de dez dias. Assim, terá de economizar R$ 5 por dia. Com as anotações de gastos, verifique o que pode cortar ou diminuir e veja se dez dias é um prazo possível. Pode ser que você precise de mais tempo, então poderá se reprogramar e readequar o prazo. O que não dá é querer ir amanhã e pagar no cartão sem saber se vai ter dinheiro. Você terá de fazer pequenos sacrifícios, mas sempre será por um objetivo maior.

Se você já é uma pessoa que consegue trabalhar com planejamentos de curto prazo, pense no que quer dentro de um ano, anote na tabela ao lado e faça um plano de como alcançar os objetivos. Marque a data de hoje, o que quer alcançar, em que prazo deseja concretizá-lo, o valor, e calcule quanto terá de economizar por mês para obtê-lo. Fique atenta para traçar objetivos possíveis a fim de evitar frustrações e não exagere no otimismo! Seja positiva, porém realista.

Tabela de objetivos de CURTO prazo
O que quero alcançar dentro de 12 meses

Data inicial	Objetivo	Prazo	Valor total a ser investido	Investimento mensal

www.bolsablindada.com.br

Objetivos de médio prazo

Em vez de achar que um prazo maior é mais difícil — ou mais chato — pense da seguinte forma: com um prazo maior, a economia será maior e o seu sonho também poderá ser maior!

Estão dentro dos objetivos de médio prazo os que você levará de um a cinco anos para realizar. Pode ser a compra de um carro, da tão sonhada casa própria, da sede própria do seu negócio, a reforma da sua casa, a troca dos móveis, enfim, despesas que vão exigir mais de seu orçamento e que, portanto, você precisará de mais tempo para juntar a quantia necessária.

Pode ser também um investimento em sua carreira, por exemplo: você está na faculdade, mas já pensa numa especialização, mestrado ou doutorado. Já imaginou começar o curso com o valor todo em mãos? Que desconto você poderá ter pagando antecipado? Ou qual o seu alívio em saber que o valor das mensalidades está lá, reservado, sem que você tenha de ficar se matando para pagá-las? E quanto a comprar um carro à vista ou com um valor de entrada maior? Quanto você economizaria só evitando os juros? É por isso que se diz que "dinheiro chama dinheiro". Quando você tem dinheiro, tem um poder de negociação maior e consegue uma condição melhor na compra de praticamente qualquer coisa.

Agora, se você for o tipo de pessoa que simplesmente não consegue guardar dinheiro a médio prazo, meu conselho é que escolha um mecanismo que não lhe dê outra opção senão poupar. Já viu aquela pessoa que esconde dinheiro dela mesma, mas no fim das contas ela sabe onde está e na hora do "vamos ver" vai lá e gasta? Então, não é isso! Falo de algo que realmente funcione. Um exemplo seria comprar um título de capitalização, uma cota de consórcio ou algum produto similar que tenha uma parcela mensal a ser paga e cujo saldo não possa ser facilmente sacado. Dessa forma, você terá de pagar a parcela (que já vai estar prevista em sua planilha de orçamento) e não cairá na tentação de gastar o dinheiro com outra coisa que não seja o seu objetivo preestabelecido. Tendo uma conta a pagar você não terá outro remédio senão pagar!

Se você quer poupar para pagar algo daqui a quatro anos, por exemplo, escolha um produto dentre os diversos disponíveis nos bancos que vença em quarenta e oito meses. Você vai desembolsar um valor fixo mensal e, no final do período, receberá tudo o que pagou com correção e juros.

O conceito de uso da **Tabela de objetivos de médio prazo** é o mesmo dos de curto prazo: saber o preço do que você deseja, determinar um período possível dentro de sua realidade e definir quanto terá de investir para alcançá-lo.

Tabela de objetivos de MÉDIO prazo
O que quero alcançar entre um e cinco anos

Data inicial	Objetivo	Prazo	Valor total a ser investido	Investimento mensal

www.bolsablindada.com.br

Objetivos de longo prazo

Esse é para quem realmente está levando as coisas a sério! Os objetivos de longo prazo são os que você sonha em realizar num período superior a cinco anos. O prazo pode estar ligado ao tempo necessário para a aquisição, considerando sua realidade financeira, ou a coisas que acontecerão no futuro, como sua aposentadoria ou a faculdade do filho que ainda é criança. Por exemplo, no caso de querer investir nos estudos do filho e garantir que ele curse uma faculdade ou faça um intercâmbio em outro país, siga o mesmo conceito dos objetivos anteriores na hora de definir uma quantia mensal a ser poupada. É importante salientar que quanto mais cedo você começar, menor será a quantia que deverá separar para isso. Por exemplo: imagine que, em média, um bom curso em uma faculdade bem conceituada custe cerca de R$ 1.200 por mês e dure quatro anos. O valor total do curso seria de R$ 58.000 aproximadamente. Muito dinheiro, né? Mas, e se você começasse a poupar desde o nascimento dele e dispusesse de dezoito anos para totalizar essa cifra? Vejamos o cálculo:

R$ 58.000/18 anos = R$ 3.222 (valor a ser poupado por ano)
R$ 3.222/12 meses = R$ 268,50 (valor a ser poupado por mês)

Aí já não parece impossível, não é mesmo? Já se o seu sonho é ter sua casa própria — objetivo número 1 de muitos brasileiros — as linhas de crédito habitacional estão mais acessíveis, principalmente as dos bancos públicos. Muita gente acredita que o sonho de comprar um imóvel e sair de vez do aluguel está muito longe ou é até mesmo inalcançável, mas saiba que a coisa pode não ser assim. Dependendo de sua situação cadastral e do tipo de imóvel que deseja adquirir, é possível financiar até 90% do valor do bem. Isso significa que você precisa dar apenas 10% do valor total como entrada. O saldo restante poderá ser financiado em até 420 meses (35 anos) e, muitas vezes, o valor da parcela do financiamento é menor do que o aluguel de um imóvel como aquele, com a grande diferença de que, findo o prazo, o imóvel será seu. Não pense como muitos que dizem por aí que é uma roubada se meter em uma "dívida" dessa por um prazo tão longo, porque, afinal de contas, o aluguel é muito pior. É uma dívida que não tem prazo para terminar e, por mais que você more anos e anos em um imóvel alugado, ele nunca será seu. E já que você vai ter de morar em algum lugar, então melhor que seja em um imóvel que um dia será seu, certo? Fora isso, é possível optar por um tipo de financiamento com parcelas decrescentes, ou seja, a primeira parcela será a mais alta a pagar e todas as subsequentes serão menores. Em certo momento do financiamento, sua prestação será bem pequena e você poderá até adiantar as próximas prestações, pagando mais de uma por mês. Na pior das hipóteses — que seria a de não dar conta de pagar o financiamento — você tem a opção de vender o imóvel, ou seja, não perde o que investiu e nem sai sem nada. É claro que há inúmeras variáveis, e cada caso deve ser analisado pela instituição financeira que concederá o crédito, mas o certo é que vale a pena se informar. Vá em quantos bancos for necessário, pesquise, pergunte a quem já fez, leia sobre o assunto e não economize em obter o máximo de informações possível. É a sua casa, o seu sonho, o seu pedaço de chão. Por isso, vale a pena investir tempo em estudar o assunto até encontrar a melhor opção. Não há uma fórmula mágica, por isso é preciso pesquisar. Tudo depende do que você quer e do que você pode, por isso, cada caso deve ser analisado particularmente. Como eu disse, você pode estar mais perto do que pensa de realizar seu sonho, acredite nisso. Não é pensamento positivo não, é possibilidade real! E lembre-se: é um objetivo de longo prazo, portanto requer perseverança. Então, amiga, mãos à obra e corra para preencher a sua **Tabela de objetivos de longo prazo**! Se desejar, em vez de usar o livro, você pode baixar todas as tabelas no meu blog. O caminho é sempre o mesmo, acesse: www.bolsablindada.com.br e vá na seção "Extras Bolsa Blindada 2".

Tabela de objetivos de LONGO *prazo*
O que quero alcançar em um período superior a cinco anos

Data inicial	Objetivo	Prazo	Valor total a ser investido	Investimento mensal

www.bolsablindada.com.br

Exterminando os vilões do orçamento

Agora que você colocou na ponta do lápis os seus sonhos, deve estar se perguntando: de onde vou tirar esse dinheiro? Será que eu vou mesmo seguir isso ou daqui a algumas semanas voltará tudo à estaca zero? Bem, só o tempo poderá lhe dar essas respostas, mas para ajudá-la, temos mais uma ferramenta: as **Tabelas de anotação de gastos arbitrários**. Você já viu que é daí que vai surgir dinheiro no seu orçamento, certo? Para que isso aconteça, você terá de ficar de olho em cada gasto que fizer. Nós, mulheres, adoramos uma bolsa, não é? Eu sei que na sua tem um montão de coisas, então, que tal reservar um espaço para levar uma tabelinha exclusiva do *Bolsa blindada* por aí? Você pode baixar o modelo no blog (www.bolsablindada.com.br, seção "Extras Bolsa Blindada 2").

Imprima quantas tabelas quiser e, a cada compra, tome nota na hora no gasto. Andando com a tabela você poderá ver o quanto gastou anteriormente e se já está ultrapassando o limite. No final de uma semana — ou pelo período que determinar — você vai somar todas as despesas arbitrárias e ver o quanto tem gastado nelas. Muita gente se surpreende ao ver que é capaz de gastar mais do que o valor do aluguel, por exemplo, em pequenas despesas diárias quase imperceptíveis. Se notar que esse é o seu caso, não entre em pânico! Isso é sinal de que, com controle, você vai encontrar muito dinheiro que estava indo embora sem nem dar tchau! E, claro, vai poder utilizá-lo de uma maneira mais adequada.

    Você não precisa ser super-radical no corte desses gastos, a não ser que esteja em uma situação crítica de endividamento ou que realmente perceba que está jogando dinheiro fora comprando coisas desnecessárias. Comece reduzindo uma coisa ou outra. Se você conseguir diminuir R$ 10 que seja de sua conta de luz, por exemplo, no final de um ano terá uma economia de R$ 120. Se somar mais R$ 200 que poderá economizar no gasto anual com telefone, R$ 50 de água e R$ 200 de alguma outra despesa, ao final de doze meses você terá mais de R$ 500 em caixa, sem grandes esforços, só cortando excessos. Qualquer quantia que você possa deixar de gastar com supérfluos vai engordar sua economia, ainda que seja de grão em grão. Não subestime os pequenos gastos! Se você não é uma pessoa que consegue resistir à tentação de gastar, trace estratégias para impedi-la de boicotar seu próprio planejamento, como: deixar o talão de cheques em casa, trocar o cartão de crédito pelo de débito etc. E uma medida mais radical: se você anda com pessoas super consumistas, que saem para almoçar e voltam com uma sacola de compras, fuja desse grupo! É mais fácil que elas a convençam de colocar suas economias a perder do que você levá-las a poupar. Isso aconteceu comigo.

Perto de uma empresa em que trabalhei não havia muitos locais para almoçar. O jeito era ir até a praça de alimentação de um shopping. Como você já deve ter notado, o setor dos restaurantes nunca é perto das entradas. Ele está sempre em um local estratégico para que você passe diante de um sem-fim de vitrines antes de chegar ao seu objetivo e fazer uma refeição. Íamos quase sempre em quatro pessoas, e duas de minhas amigas não podiam ver uma vitrine: todos os dias elas compravam algo. Um batom, uma blusinha, uma lingerie, uma presilha de cabelo ou mais um shampoo para a coleção. Lembro-me até do dia em que umas delas foi à minha sala toda feliz mostrar que a meia-calça havia desfiado e que ela ia ser "obrigada" a comprar outra na hora do almoço. Ela tinha de comprar, era um vício. O ritual de entrar na loja, escolher o produto em meio a uma vasta variedade, ter uma vendedora à disposição, trazendo-lhe tudo, sair com uma sacola bonita, abrir o produto, tirar as etiquetas e, finalmente, ser a dona de mais um item (ainda que totalmente inútil) era como uma terapia para ela.

Em uma das diversas vezes que as acompanhei, ambas me convenceram a comprar um colete jeans caríssimo em uma loja de grife. Quando cheguei em casa com aquilo, não pude acreditar que tinha entrado na delas! No dia seguinte, levei o colete à loja e disse que queria devolvê-lo, mas como não era caso de defeito ou troca de tamanho, nada feito. Fiquei com um colete que custou o olho da cara... Depois disso, resolvi que não iria mais acompanhá-las nas compras. Não deixei de sair com elas, pois era eu quem dava carona para o grupinho, contudo, já não entrava nas lojas e ia sempre direto para a praça de alimentação. Se elas resolvessem ver as vitrines, eu esperava na mesa. Afinal, foi evitando gastos extravagantes que eu comprei meu próprio carro, enquanto elas andavam a pé. Na verdade, elas preferiam andar de ônibus e ter roupas e bolsas de grife, enquanto eu preferia o conforto e a independência de um carro. Não estou dizendo que elas estavam erradas e eu certa, pois não é uma questão de certo nem errado, mas de cada um saber definir o que quer da vida e não ir na conversa dos outros. Se elas quisessem uma geladeira e comprassem um cachorro, aí é que a coisa não estaria certa. No entanto, elas viviam exatamente da maneira que queriam, então, estava ótimo. Já, para mim, se tivesse aquele estilo de vida, certamente não me sobraria dinheiro nem para o combustível. Eram realidades diferentes e escolhas diferentes.

Uma vez definidos seus objetivos de curto, médio e longo prazos, passe a utilizar as **Tabelas de anotação de gastos arbitrários** (disponíveis no blog) e anote tudinho. Você vai se surpreender ao ver que tem mais dinheiro do que pensa!

Exemplos de planilhas

Finalmente! Eu sei que você estava esperando por esta parte do livro em que os modelos de planilhas surgem! Para você ter certeza de que fará suas planilhas direitinho, aqui vão exemplos fictícios para você escolher como quer começar a trabalhar. Se você nunca controlou seus gastos e ainda tem poucas contas a pagar, vamos colocá-la no grupo das **blindetes iniciantes**. Se você possui um número maior de despesas e já tem um certo controle, seu objetivo será dar um passo a mais e trabalhar com planilhas mais elaboradas. Assim, irá pertencer ao grupo das **blindetes intermediárias**.

Apesar de dividir as blindetes em categorias, leia todo o texto (não só o correspondente ao seu grupo) para entender o conceito de cada categoria e escolher melhor em qual deve se enquadrar. A meta das iniciantes deve ser se tornar, futuramente, uma intermediária. Para as intermediárias, o nível seguinte é o da **blindete empreendedora**, que veremos mais adiante. Aqui também se encaixam as que desejam ter uma renda extra e controlá-la muito bem. No final de todo aprendizado, seu diploma será uma vida financeira de qualidade. Quer coisa melhor do que isso? Para melhorar ainda mais, você também poderá baixar modelos de planilhas em meu blog.

Planilhas para blindetes iniciantes

Para começar, você usará uma única planilha, bem objetiva, que lhe permitirá ver de uma só vez o seu desempenho mês a mês, e fazer um acompanhamento ao longo de um ano. No final de cada mês, você calculará o seu saldo acumulado (total dos valores recebidos menos o total dos gastos). Dessa forma, você poderá ver em quais meses saiu da linha e ficou no vermelho e em quais se saiu bem e se manteve no azul. Ao longo do ano, também poderá verificar se, no geral, gastou mais do que deveria ou se conseguiu poupar. Para diferenciar os valores negativos dos positivos, você pode lançá-los entre parênteses — por exemplo: (R$ 10) — ou colocar um sinal de menos na frente do valor — por exemplo: -R$ 10. Assim você não confunde o que entra com o que sai. Veja a planilha ao lado e, depois, leia atentamente a análise que fiz baseada nesse orçamento fictício.

ANÁLISE DO ORÇAMENTO FICTÍCIO — INICIANTES

Nessa planilha anual, há várias coisas que devemos observar, pois servirão como guia para que você não somente anote seus gastos, mas também saiba gerenciá-los de maneira a cortar supérfluos, sair do vermelho, evitar o desperdício e até poupar. Vamos lá!

Planilha de Orçamento para Blindetes Iniciantes

RECEITAS	JAN	FEV	MAR	ABR	MAI	JUN	JUL	AGO	SET	OUT	NOV	DEZ
Salário líquido[1]	1.980,00	1.980,00	1.850,00	1.980,00	1.980,00	1.980,00	1.980,00	1.980,00	1.980,00	1.980,00	2.950,00	2.950,00
Recebimento extra[2]	0,00	0,00	120,00	140,00	150,00	140,00	120,00	100,00	80,00	120,00	100,00	200,00
Total de receitas[3]	1.980,00	1.980,00	1.970,00	2.120,00	2.130,00	2.120,00	2.100,00	2.080,00	2.060,00	2.100,00	3.050,00	3.150,00

GASTOS	JAN	FEV	MAR	ABR	MAI	JUN	JUL	AGO	SET	OUT	NOV	DEZ
Aluguel + condomínio	(600,00)[8]	(600,00)	(600,00)	(600,00)	(600,00)	(600,00)	(600,00)	(600,00)	(600,00)	(600,00)	(600,00)	(600,00)
Educação	(220,00)	(220,00)	(220,00)	(220,00)	(220,00)	(220,00)	(220,00)	(220,00)	(220,00)	(220,00)	(220,00)	(220,00)
Empréstimo/prestações	(400,00)	(400,00)	(400,00)	(400,00)	(400,00)	(200,00)	(200,00)	(200,00)	(200,00)	(200,00)	(200,00)	(200,00)
Plano de saúde	(95,00)	(95,00)	(95,00)	(95,00)	(95,00)	(95,00)	(95,00)	(95,00)	(95,00)	(95,00)	(95,00)	(95,00)
Internet	(29,90)	(29,90)	(29,90)	(29,90)	(29,90)	(29,90)	(29,90)	(29,90)	(29,90)	(29,90)	(29,90)	(29,90)
Água	(28,90)	(32,80)	(25,40)	(22,30)	(21,90)	(23,20)	(24,40)	(26,70)	(28,60)	(29,30)	(31,60)	(32,90)
Energia elétrica	(130,00)	(128,00)	(125,00)	(120,00)	(115,00)	(110,00)	(100,00)	(101,00)	(102,00)	(99,00)	(98,00)	(100,00)
Celular pré-pago	(50,00)	(50,00)	(45,00)	(40,00)	(40,00)	(40,00)	(40,00)	(40,00)	(40,00)	(40,00)	(40,00)	(40,00)
Transporte/gasolina	(220,00)	(220,00)	(200,00)	(200,00)	(190,00)	(190,00)	(190,00)	(180,00)	(180,00)	(180,00)	(180,00)	(180,00)
Gastos arbitrários[4]	(780,00)	(750,00)	(550,00)	(500,00)	(400,00)	(350,00)	(320,00)	(300,00)	(280,00)	(300,00)	(400,00)	(700,00)
TOTAL DE GASTOS[5]	(2.553,80)	(2.525,70)	(2.290,30)	(2.227,20)	(2.111,80)	(1.858,10)	(1.819,30)	(1.792,60)	(1.775,50)	(1.793,20)	(1.894,50)	(2.197,80)
Resultado mensal[6]	(573,80)	(545,70)	(320,30)	(107,20)	18,20	261,90	280,70	287,40	284,50	306,80	1.155,50	952,20
Investimento[7]	0,00	0,00	0,00	0,00	0,00	0,00	(50,00)	(60,00)	(80,00)	(100,00)	(300,00)	(200,00)
Saldo acumulado	(573,80)	(545,70)	(320,30)	(107,20)	18,20	261,90	230,70	227,40	204,50	206,80	855,50	752,20[9]

[1] Anote o seu salário líquido, não o bruto. [2] Anote recebimentos extras, como algo que você vendeu. [3] Some o valor das receitas (salário mais extras) e anote. [4] Some todos os gastos arbitrários e lance o valor total do mês. [5] Some toda a coluna de gastos e coloque o valor total. [6] Pegue o total de receitas e subtraia o total de gastos. [7] Anote o valor que será depositado em alguma aplicação, por exemplo, poupança, ou valor que será guardado. [8] Anote os gastos entre parênteses para diferenciar das receitas. [9] Anote o valor do resultado mensal, menos o investimento.
www.bolsablindada.com.br

Observe que a blindete iniciante (fictícia) não possuía uma renda extra quando começou a cuidar do seu orçamento (meses de janeiro e fevereiro). Porém, ela gastava mais do que ganhava e, claro, não conseguia poupar nada. Com isso, percebeu que deveria fazer algo para incrementar seus ganhos e, a partir de março, começou a ter uma renda extra, ainda que pequena, o que a ajudou em seu processo de sair do vermelho. Sim, amiga, sair do vermelho é um processo. Não adianta achar que vai cair um saco de dinheiro do céu bem na sua cabeça e você vai pagar todos os seus débitos de hoje para amanhã. Na realidade, você vai ter de se educar e analisar o que terá de fazer para sair dessa (e não entrar no vermelho amanhã de novo). É você que tem de sair, não espere que alguém venha resgatá-la. Economia pessoal não é conto de fada! Ao observar os gastos, vemos que a blindete tinha um valor alto em despesas arbitrárias e boa parte do salário era para pagar parcelas (empréstimos e prestações). Com todas essas contas, ela estava gastando mais do que ganhava e terminava no vermelho. Mas veja o que ela fez:

- Começou a reduzir aquilo que era possível: conta de luz e o valor das recargas de celular.
- Passou a cortar alguns gastos arbitrários e diminuir outros.

Com a disciplina de ter uma renda extra, diminuir despesas, cortar desperdícios e ficar de olho nos gastos arbitrários, nossa blindete iniciante conseguiu terminar de pagar suas prestações (janeiro a maio). E mais: fez uma programação para pagar o saldo negativo (junho a dezembro) e ainda conseguiu poupar um valor mensalmente (a partir de julho). Um detalhe importante a ser levado em conta: no final do ano, quando nossa blindete recebeu o 13º salário, ela não saiu gastando como se não houvesse amanhã. Ao contrário, houve um controle. Apesar de ela ter gastado mais nessa época do que nos meses anteriores, a blindete manteve-se dentro do orçamento previsto e conseguiu até aumentar o valor do investimento. Merece uma nota 10!

Basicamente, essa planilha a ajudará em três fatores importantíssimos de seu crescimento financeiro:

1. Ter um panorama de sua situação financeira.
2. Gerenciar receitas e despesas, diminuindo gastos supérfluos e cortando desperdícios.
3. Ter uma poupança ou investir nos seus sonhos.

Você também poderá baixar um modelo em branco em meu blog e começar a fazer seu próprio controle.

Planilhas para blindetes intermediárias

Se você já faz seu planejamento financeiro, que tal trabalhar com planilhas um pouco mais elaboradas e ter um panorama ainda mais fiel e apurado de sua vida financeira? Quando digo mais elaboradas não quero dizer mais difíceis, mas, sim, mais completas. Você vai continuar trabalhando mensalmente, com a diferença de ter uma planilha para cada mês e poder fazer um comparativo entre os meses de forma mais detalhada. Particularmente, uso uma planilha por mês, similar a esta que vou exemplificar para você, e tenho uma para uso profissional e outra para uso pessoal. Para as blindetes que têm seu próprio negócio (não necessariamente uma empresa, mas uma renda extra que quer ver crescer), vamos dar mais detalhes no próximo capítulo.

A seguir, você encontra um exemplo de preenchimento de dois meses da planilha e uma breve análise. Por fim, poderá baixar no blog os modelos de planilha em branco para preencher. Os lançamentos são basicamente os mesmos: junte todas as contas e comece a lançar item por item na planilha. O que está entre parênteses é negativo (gasto ou saldo negativo) e os valores sem sinalização são os positivos, assim como no exemplo anterior.

Análise do orçamento fictício — intermediárias

No exemplo das páginas 82 e 83, quero mostrar novamente o que pode ser feito quando a conta não fecha, ou seja, quando se gasta além do que se recebe. Como quem paga essa conta extra quase sempre é o limite do cheque especial ou do cartão de crédito, uso aqui o exemplo do cartão. Nossa blindete estava passando da conta e deixando tudo para o cartão se virar. Só que o cartão é retangular, ele não "se vira", e logo vai devolver a bomba para você desarmar!

A diferença básica entre a planilha para iniciantes e a para intermediárias, além de uma tabela por mês em lugar de uma para o ano todo, é que você vai trabalhar com previsões. Prevendo os gastos, você se antecipa e estabelece um valor para cada um. Isso facilita muito seu controle, pois você pode distribuir o seu ganho de maneira a pagar tudo dentro de sua realidade. Assim, não assumirá despesas que não tem como arcar. E, o melhor de tudo: lançando as projeções para os meses seguintes, você saberá quando terminará de pagar um empréstimo e poderá programar a compra de outro bem ou começar a poupar o valor. Em meses de despesa extra, como um imposto (IPTU, IPVA etc.) ou um aniversário que demande a compra de roupa e presente, você poderá se organizar para gastar menos no mês anterior. Assim, manterá suas contas equilibradas, sem surpresas.

Nossa blindete intermediária escorregou no tomate em janeiro e começou o ano no vermelho. Ela recebeu um pouco menos do que havia previsto e, devido às

Planilha de Orçamento para Blindetes Intermediárias

* Despesas pagas com cartão de crédito

JANEIRO		
RECEITAS	**VALORES EM R$**	
	PREVISTO	RECEBIDO
SALÁRIO	2.000,00	1.980,00
RECEITAS EXTRAS	500,00	435,00
TOTAL RECEITAS RECEBIDAS	2.500,00	2.415,00
DESPESAS	**VALORES EM R$**	
	PREVISTO	PAGO
ALUGUEL+CONDOMÍNIO	(600,00)	(600,00)
EDUCAÇÃO	(220,00)	(220,00)
EMPRÉSTIMO PARC. 3/12	(400,00)	(400,00)
PLANO DE SAÚDE	(95,00)	(95,00)
INTERNET	(29,90)	(29,90)
TV A CABO	(69,90)	(69,90)
ACADEMIA	(49,90)	(49,90)
ÁGUA	(40,00)	(38,50)
ENERGIA ELÉTRICA	(110,00)	(98,70)
GÁS	(46,00)	(46,00)
TELEFONE FIXO	(80,00)	(99,30)
CELULAR	(80,00)	(120,00)
MATRÍCULA DA ESCOLA*	0,00	(250,00)
SUPERMERCADO*	(400,00)	(450,00)
PRESENTES*	(90,00)	(95,00)
CINEMA*	0,00	(35,00)
SALÃO DE BELEZA*	(40,00)	(65,00)
ESTETICISTA*	0,00	(50,00)
ROUPAS/SAPATOS/ACESSÓRIOS*	0,00	(120,00)
FARMÁCIA*	0,00	(48,00)
TOTAL DAS DESPESAS	(2.350,70)	(2.980,20)
INVESTIMENTO		
POUPANÇA	100,00	-
SALDO	RECEITAS	DESPESAS
	2.415,00	(2.980,20)
RESULTADO	(565,20)	

Saldo estourado no cartão de crédito

www.bolsablindada.com.br

Planilha de Orçamento para Blindetes Intermediárias

FEVEREIRO		
RECEITAS	**VALORES EM R$**	
	PREVISTO	RECEBIDO
SALÁRIO	1.980,00	1.980,00
RECEITAS EXTRAS	600,00	400,00
OUTROS	–	–
TOTAL RECEITAS RECEBIDAS	2.580,00	2.380,00
DESPESAS	**VALORES EM R$**	
	PREVISTO	PAGO
ALUGUEL+CONDOMÍNIO	(600,00)	(600,00)
EDUCAÇÃO	(220,00)	(220,00)
EMPRÉSTIMO PARC. 4/12	(400,00)	(400,00)
NEGOCIAÇÃO CARTÃO 1/10	(68,50)	(68,50)
PLANO DE SAÚDE	(95,00)	(95,00)
INTERNET	(29,90)	(29,90)
TV A CABO	(69,90)	(69,90)
ACADEMIA	(49,90)	(49,90)
ÁGUA	(40,00)	(35,40)
ENERGIA ELÉTRICA	(110,00)	(89,80)
GÁS	0,00	0,00
TELEFONE FIXO	(80,00)	(39,90)
CELULAR	(80,00)	(80,00)
MATERIAL ESCOLAR PARC. 1/3	(120,00)	(120,00)
SUPERMERCADO	(400,00)	(320,00)
FEIRA/SACOLÃO	0,00	(50,00)
CINEMA	0,00	(35,00)
SALÃO DE BELEZA	(40,00)	0,00
ESTETICISTA	0,00	0,00
ROUPAS/SAPATOS/ACESSÓRIOS	0,00	0,00
FARMÁCIA	0,00	48,00
TOTAL DAS DESPESAS	(2.403,20)	(2.316,30)
INVESTIMENTO		
POUPANÇA	–	–
SALDO	RECEITAS	DESPESAS
	2.380,00	(2.316,30)
RESULTADO	63,70	

www.bolsablindada.com.br

festas de fim de ano, acabou gastando mais do que devia em roupas, salão de beleza e presentes. Além de ter aproveitado os feriados para curtir um cineminha não programado, ela não se lembrou da matrícula da escola e nem que, em fevereiro, teria de comprar material escolar. Ela simplesmente foi passando o cartão e sendo feliz! Mas na hora que recebeu a cobrança, não conseguiu pagar a fatura. A previsão de colocar R$ 100 na poupança já era, e ela ficou com o rojão na mão, quer dizer, a conta estourada!

Mas ela é blindete, né? Então, logo que surgiu o problema, ela foi ao banco e cancelou o cartão. Por que fez isso, em vez de jogar a conta para o mês seguinte? Porque ela teria de comprar o material escolar, lembra? Trata-se de uma despesa extra que não tem como evitar. Ela preferiu renegociar o valor devido no cartão em parcelas fixas a entrar no rotativo e parar no olho de um tornado. O banco fez a análise de crédito dela e liberou a negociação em dez parcelas de R$ 68,50. Dessa forma, os juros cobrados serão bem menores do que se ela entrasse no temido rotativo-turbilhão! Além disso, se não cancelasse o cartão, ela poderia ceder à tentação de continuar gastando e elevando o saldo devedor às alturas.

Tendo de arcar com as despesas em dinheiro vivo, nossa blindete fez um plano de corte de desperdícios: economizou gás, diminuiu as contas de telefone, reduziu a compra do supermercado e preferiu ir à feira para comprar frutas e legumes mais frescos e baratos. Cortou gastos arbitrários como cinema, presentes, salão de beleza e esteticista. Dessa forma, ela ficou quase zero a zero, mas conseguiu pagar todas as contas. O que ela deve fazer, então, para que comece a sobrar um dinheiro? Primeiramente, verificar se é possível cortar ainda mais algum gasto, como cancelar o telefone fixo, caso não fique tanto em casa e tenha celular. Ver a possibilidade de diminuir ou cancelar temporariamente serviços como TV a cabo e academia (trocar os exercícios na academia por uma caminhada ou andar de bicicleta ao ar livre pode não ser o ideal, mas às vezes é preciso!). E um detalhe importante: não contrair futuros empréstimos que comprometam tanto sua renda. Nossa blindete fez um empréstimo a ser pago em doze parcelas de R$ 400. Para quem tem uma renda de cerca de R$ 2.000 parece pouco, mas quando somada às demais despesas, essa parcela consome boa parte do orçamento, como você pode ver.

Imprima as suas planilhas (disponíveis em meu blog) e mãos à obra!

Capítulo 3

Blindete empreendedora — renda extra

"Mimimi" é para as fracas, já dizia a dona Maura!

Sempre sugiro a quem já tem um trabalho fixo que procure também uma renda extra. Esse ganho além do salário é importante por vários motivos — não apenas para aumentar sua receita. Ele pode ser o passo inicial para um negócio futuro e para desenvolver talentos que nem sempre são usados no seu trabalho diário. E, claro, quem está desempregada pode desenvolver algum trabalho que lhe traga ganhos, enquanto busca uma recolocação no mercado. Minha intenção aqui não é sugerir quais tipos de trabalho você pode fazer, até porque existem milhares de segmentos, e quem deve determinar isso é você mesma. Porém, posso dar uma dica de onde começar. Considere, antes de mais nada, que sua renda extra esteja ligada a algo que você goste de fazer. Você vai usar boa parte do seu tempo livre para executar esse trabalho; portanto, se for algo que não lhe dê satisfação, será muito mais difícil continuar. Lembre-se de que você estará cansada devido ao dia de trabalho e terá de recobrar forças para começar uma segunda jornada. Fazer o que se ama é meio caminho andado, pois você fará com prazer e nem parecerá trabalho! Eu, por exemplo, gostava muito de trabalhar com vendas, mas meu emprego fixo era em uma empresa de comunicação. Mesmo assim, resolvi usar meus talentos e fazer das vendas meu ganho extra. Sempre gostei de observar as pessoas, por isso, ficava pensando no que eu poderia comprar para vender para aquela colega da sala ao lado. Sondava qual perfume ela usava, que tipo de acessórios gostava, se tinha filhos etc. Qualquer conversa, por mais coloquial que fosse, servia como uma espécie de "pesquisa de mercado", e eu usava aqueles dados para comprar as minhas mercadorias. Quando levava as novidades para a empresa, era como se fosse um jogo: eu mostrava o que havia comprado pensando naquela pessoa (sem ela saber) para ver se minha percepção estava certa e se ela ficaria com a mercadoria. Na maioria das vezes, eu acertava. Depois, o desafio passou a ser aprimorar minha observação e descobrir outra coisa para vender para aquela cliente. Falando em observação, aprendi isso com a minha mãe. Ela sempre teve de trabalhar para sustentar a casa, mas também tinha duas filhas para criar. Por isso, não queria trabalhar em período integral e nos deixar por aí. Ela preferia trabalhos que poderia fazer em casa enquanto estávamos na escola, e depois nos levava nas vendas que fazia pelas ruas do bairro. Ela reunia vários catálogos de cosméticos e outros produtos e saía batendo de casa em casa. Apesar de a venda direta (por catálogo) parecer algo monótono e repetitivo, minha mãe sempre fazia algo mais, e eu — como sempre — estava de olho em tudo o que se passava ao meu redor. Minha mãe estudava o seu negócio e o levava a sério. Para ela, não bastava deixar o catálogo em um local e depois passar para recolher os pedidos, ela realmente atuava como representante daqueles produtos. Para isso, estudava o catálogo todo, comprava diversos produtos e os testava (mesmo sem ter condição financeira para isso). Ela conhecia cada produto e dava seu depoimento sobre eles. Além disso, levava várias coisas para vender à pronta-entrega, aproveitando o contato com a cliente. Em várias ocasiões, minha mãe encomendava e usava bijuterias do catálogo embora não tivesse dinheiro suficiente para comprá-las, mas ela sabia que assim que saísse com um novo broche, a vizinha iria pedir para comprá-lo na hora! Havia o risco de encomendar, abrir a embalagem e usar o produto sem que alguém quisesse comprá-lo, ficando para ela a responsabilidade de pagar por algo que, para nós, era caro. Em todo negócio, porém, há riscos, e minha mãe confiava no "taco" dela. Às vezes, ela dizia para mim: "Olha, vou colocar esse brinquinho em você, mas não é seu. Isso é para a fulana ver e comprar para a filha dela. Então você tira e dá para a moça, tá?". Em vez de choramingar, eu ficava torcendo para o brinquinho ser vendido e para poder usar outro no dia seguinte! Era um tipo de brincadeira que nos fazia sair um pouco daquela vida dura que levávamos. Então, por mais que você esteja em uma situação difícil e essa renda extra seja uma tábua de salvação em meio a tantos problemas, não entregue o ouro ao bandido! Não pense que o fato de você contar todos os problemas às suas clientes vai fazer com que elas se sensibilizem e comprem seu produto. Ao contrário, você vai é espantá-las! Ninguém gosta de gente para baixo, de chororô e lamentação. Você precisa levar algo de bom para as pessoas, além de seus produtos ou serviços. Seja aquela pessoa agradável, de bem com a vida, do tipo que não tem tempo ruim. Não importa se você está morrendo de medo de dar com os burros n'água ou se tem uma conta para pagar antes de o banco fechar: vá de cabeça erguida, sempre com um sorriso no rosto e não deixe a peteca cair.

Lembro que na casa em que morávamos — vou contar mais detalhes adiante — chovia mais dentro do que fora. Quando o céu escurecia eu já sabia que iríamos ter que ficar distribuindo baldes pela casa e secando o piso noite afora. Esse é o tipo de situação digna de um "ninguém merece"! Além dos catálogos de venda, minha mãe começou a revender toalhas de mesa. Eram muito bonitas e de um material fácil de limpar que fazia muito sucesso na época. Havia uma pilha delas em casa, pois tudo o que minha mãe ganhava nos catálogos era reinvestido na compra das toalhas, as quais davam um lucro maior. Eu ajudava dona Maura a colocar as etiquetas de preço nelas e a separá-las por tamanhos e formatos. Mas em uma das tantas chuvas pelas quais passamos, quase as perdemos! A chuva começou de repente e foi uma correria para deixar as mercadorias a salvo, a fim de que minha mãe pudesse sair para vendê-las no dia seguinte. Salvamos as toalhas e todos os catálogos, bloquinhos de venda e a caixa com os pedidos para entregar. No dia seguinte, lá fomos nós como se nada tivesse acontecido. Voltamos para casa quase sem nenhuma mercadoria, pois, naquele dia, minha mãe resolveu andar ainda mais e visitar mais clientes. Vendemos muito! Eu devia ter uns 6 ou 7 anos, mas observava muito bem tudo o que minha mãe fazia. Sabia pelo que tínhamos passado à noite e imaginava que ela deveria estar cansada, mas ao ver que ela trabalhou ainda mais, entendi que, quando a gente enfrenta adversidades, é aí que temos de partir para cima. Às vezes, eu a escutava falando sozinha: "Choveu? Ah, tá! Pois é agora que eu vou mesmo!" Esse tipo de ensinamento não se aprende na faculdade, por isso, aproveite cada lição que a vida lhe der e não se deixe abater. Adote este pensamento:

> Quanto mais difícil a luta,
> maior será a vitória.

Você não vai arrumar um emprego se chegar à entrevista com cara de coitadinha. Não irá atrair a atenção das pessoas se agir como uma injustiçada que não teve sorte na vida. Não vencerá se lutar como uma derrotada. Ficar de "mimimi" é para as fracas, levantar-se e ir para cima dos problemas é para as fortes. Faça como a dona Maura, e, se chover, molhe-se!

Não troque seis por meia dúzia — Saiba como estabelecer preços

Para começar uma renda extra é preciso estar muito bem-organizada para não trocar seis por meia dúzia.

Isto é, não ficar apenas recuperando o que gastou, sem ter nenhum lucro. Ou, pior ainda, perdendo dinheiro. Isso pode acontecer por diversos motivos, mas basicamente, podemos dizer que o mais comum é não saber estabelecer preços. Há muita gente que só se baseia pelo valor que outras pessoas e empresas cobram por determinado produto ou serviço, mas as realidades são diferentes, então é preciso saber quanto você terá que cobrar para poder obter lucro no seu negócio. Afinal, empresa é um sistema que multiplica recursos financeiros (BRAGA, 2009).

Para saber como estabelecer preços, primeiro é preciso entender qual é a diferença entre **preço** e **valor**. Isso mesmo, são duas coisas diferentes. E é aqui que também entra o conceito de caro e barato. Barato é aquilo que você paga menos do que estaria disposta a pagar e o caro é exatamente o oposto. Porém, nem sempre pagar menos é uma vantagem, e é aí que o micro-empreendedor pode se destacar. Saber justificar o **preço** por meio do **valor** pode ser crucial na hora de realizar uma negociação. Mas, também é imprescindível que você saiba quanto quer obter de **lucro** para não ficar apenas trabalhando sem ver a cor do dinheiro. Para tudo isso, a **administração financeira** é primordial, pois você não vai querer abrir seu negócio hoje e fechá-lo amanhã, certo? Então, vamos ver as definições de cada um deles.

- **Preço** – é o custo para se adquirir algo. Ou seja, é o que você vai pagar por um produto ou serviço, o número que está na etiqueta.
- **Valor** – é o benefício obtido pelo que se adquiriu. Ou seja, o que esse produto ou serviço lhe proporcionará de bom.
- **Lucro** – é o retorno positivo do seu investimento.
- **Administração financeira** – boa gestão dos recursos investidos para garantir a continuidade, crescimento e estabelecimento do negócio.

Basicamente, o Preço de Venda, que daqui em diante chamaremos apenas de PV, deve cobrir os custos do produto e todas as despesas que o envolvam, sejam variáveis sejam fixas, e ainda trazer lucro. Por isso é que, para ser uma empreendedora, você precisa ser muito bem-organizada. Afinal, como saber quanto cobrar por algo, sem saber quanto se gastou nele? Assim como fizemos a divisão de despesas para que você pudesse montar sua planilha de orçamento pessoal (fixas, variáveis e arbitrárias), aqui também devemos colocar cada coisa em seu lugar, pois terá custos fixos como aluguel, salários etc. (que independem do volume que você produz), e variáveis, como comissões sobre vendas, matérias-primas etc. (que aumentam conforme cresce o volume de produção).

Com isso, o que você pode concluir é que, tirando a sua única receita (entrada de dinheiro) que é o PV, todo o resto são gastos. Por isso, concorrer no mercado apenas oferecendo um menor PV pode ser um tiro no pé. Você sabe que quando a compra é feita em grandes quantidades, o preço cai, certo? Sendo assim, como você vai concorrer com um grande magazine ou um hipermercado que compra em quantidades enormes? O segredo do micro empreendedor é diferenciar-se dos demais, é ter aquilo que ninguém tem. É o famoso "agregar valor" ao produto ou serviço e não ficar apenas brigando por preço.

O seu bombom caseiro, por exemplo, provavelmente não vai custar menos do que aquele comprado no supermercado, mas o seu pode ter uma embalagem personalizada, ser entregue com uma mensagem ou, ainda, ter um recheio exclusivo. Use a sua imaginação, estude a área na qual você pretende atuar e seja inovadora. Considere também a realidade do mercado, afinal, não adianta você criar algo que acabe atingindo um preço que as pessoas não estão dispostas a pagar. Considerar seus custos e despesas é imprescindível para a definição do PV.

O QUE SÃO CUSTOS E QUAIS OS FATORES QUE O COMPÕEM?

São os gastos relacionados diretamente à produção de um bem ou à prestação de um serviço. Os fatores que compõem o custo são diversos e variam de acordo com cada tipo de negócio, mas basicamente seriam estes abaixo, entre outros:

- Matérias-primas
- Mão de obra
- Salários
- Aluguel

O QUE SÃO DESPESAS E QUAIS OS FATORES QUE A COMPÕEM?

São os gastos que não estão relacionados diretamente à produção de um bem ou à prestação de um serviço, mas que, sem eles, o negócio não existiria. Exemplo: energia elétrica, água, embalagens, combustível, frete, telefone etc.

O pulo do gato aqui é listar todos os custos e despesas e descobrir quanto custa fabricar cada produto. Você vai descobrir o Custo Unitário do Produto que, de agora em diante chamaremos apenas de CUP. Complicou? Que nada! Para se familiarizar com as siglas, anote-as e memorize-as. Não são muitas. Veja este exemplo fictício:

Bombons da Maricota

CUSTOS MENSAIS (LIGADOS DIRETAMENTE À PRODUÇÃO):

- Chocolate – R$ 300,00
- Recheios diversos – R$ 600,00

- Embalagens, caixas e fitas – R$ 480,00
- Mão de obra do ajudante – R$ 150,00 por diária (cálculo mensal: R$ 150,00 X 2 diárias por semana = R$ 300,00 semanais X 4 = R$ 1.200,00 mensais)

Total de custos mensais = R$ 2.580,00

Encontramos um custo mensal de R$ 2.580,00 e, agora, vamos para o pulo do gato: achar o CUP dos bombons da Maricota com a fórmula:

Custo mensal/produção mensal = CUP

Basta dividir o total de custos pelo número de bombons produzidos no período. Digamos que a Maricota tenha produzido 4.000 bombons por mês, então, o CUP é:

R$ 2.580,00/4.000 bombons = R$ 0,65

Viu como é fácil? Descobrimos o custo de cada bombom e agora vamos adicionar as despesas indiretas, pois elas também devem ser somadas ao PV. São despesas indiretas:

- Comissão sobre vendas.
- Despesas gerais e administrativas (compra de materiais de escritório, aquisição de um computador ou de um maquinário novo etc.).
- Impostos.

- Água.
- Luz.
- Aluguel.

Você deve ter na ponta do lápis todos esses gastos, ainda que alguns sejam variáveis.

Por fim, devemos adicionar uma coisa muito importante: a margem de lucro. Vejamos tudo isso na prática.

Estabelecimento de Preço de Venda (PV)

O que a Maricota deve fazer agora é uma pesquisa de mercado que pode acontecer em duas esferas:

1. Pesquisar o preço dos concorrentes.
2. Pesquisar o quanto seus clientes estão dispostos a pagar pelo produto.

O item 1 é bastante simples, pois consiste em levantar os preços que outras empresas e/ou pessoas estão vendendo um produto similar. O item 2 pode ser feito perguntando abertamente a algumas pessoas conhecidas ou clientes mais chegadas quanto elas estariam dispostas a pagar pelo seu produto.

Digamos que a Maricota conclua, com essa pesquisa, que seu bombom será muito bem aceito com um PV de R$ 2,00 cada. O que ela deve fazer com essa informação é ver o quanto obterá de lucro e, assim, saber se está realmente ganhando dinheiro.

Para isso, vamos usar uma fórmula simples:

PV - (CUP + Despesas) = Lucro

Usando o exemplo da Maricota, já temos o PV (R$ 2,00), o CUP (R$ 0,65) e falta achar o valor das despesas para somar a cada unidade produzida. Ela deve listar uma a uma e somá-las. Exemplo:

- Comissão sobre vendas (10% sobre o PV) = R$ 0,20.
- Impostos (vamos considerar que ela abriu firma e paga 5% de imposto) = R$ 0,10.
- Despesas gerais e administrativas por mês= R$ 200,00/4.000 unidades produzidas = R$ 0,05.
- Água = R$ 40,00/4.000 unidades produzidas = R$ 0,01.
- Luz = R$ 90,00/4.000 unidades produzidas = R$ 0,02.

Total das despesas da Maricota = R$ 0,39

Agora que temos todos os valores, vamos empregá-los na fórmula a seguir.

PV - (CUP + Despesas) = Lucro
2,00 - (0,65 + 0,38) = Lucro
2,00 - 1,03 = 0,97

A Maricota está obtendo lucro nos seus negócios! Mas cuidado com o que é **faturamento** e com o que é **lucro**.

Isso é extremamente importante. Ela produziu 4.000 bombons, que foram vendidos a R$ 2,00 cada, totalizando um **faturamento** de R$ 8.000,00. Porém, o **lucro** foi de R$ 3.880,00 (R$ 0,97 X 4.000). Muitos microempresários se enrolam aí, pois consideram o faturamento e acham que ficaram ricos! Quando, na verdade, para a subsistência do negócio é primordial terem suas contas pagas em dia e dinheiro em caixa. No início, pode ser que você se veja em uma posição de ter de reinvestir todo o lucro (ou boa parte dele) no negócio para fazê-lo crescer. Digamos que a Maricota tenha percebido que, se tivesse uma produção maior, teria vendido mais. Ela poderia investir parte do lucro na expansão da produção. Viu como valeu a pena investir um tempo e entender como estabelecer preços? Estou certa de que agora você tem uma visão muito mais ampla do seu negócio – ou futuro negócio – sem ter que ficar na base do chutômetro! E se você quiser tornar-se uma blindete empreendedora, monte as planilhas do seu negócio separadas das pessoais. Assim você mantém tudo bem-organizado e não mistura as bolas, quer dizer, os ganhos!

Parte 2

Gerenciando suas finanças

Capítulo 4

Colocando a casa em ordem

A dinâmica do dinheiro

Sonhar é, sem dúvida, muito bom. Se você parar agora, por alguns instantes, e imaginar a casa dos seus sonhos, o carro que quer ter ou os lugares que deseja conhecer, você vai vivenciar uma experiência muito bacana. Mas, não basta sonhar, né? A gente precisa mesmo estar bem acordada para poder ir atrás do que deseja. Para isso, é importante que você entenda a dinâmica do dinheiro. Sim, o dinheiro tem uma dinâmica e nem todo mundo a entende (aliás, pouca gente já parou para pensar nisso). Quando as pessoas pensam em sua situação atual — que pode não estar tão bacana quanto gostariam — elas tendem a romancear a solução e simplificar a forma de conquistar algo maior e melhor. Quem está endividada, por exemplo, ou aquelas cujo dinheiro acaba antes de o mês terminar, tendem a pensar que isso acontece apenas porque ganham pouco. Se elas ganhassem mais, pronto! Estaria tudo instantaneamente resolvido. Se você pensa assim, está pensando como a maioria. Porém, já vimos que isso não é real. Se você não mudar sua cabeça, ainda que ganhe mais futuramente, vai acabar se enrolando. E pior: se enrolando ainda mais. Como falamos, quando você ganha pouco e já não consegue administrar, é quase certo que, com um ganho maior, você vai ficar mais perdida que cego em tiroteio. Em tudo na vida, temos de começar de acordo com nossas condições para não quebrar a cara! Não dá para tirar a habilitação hoje e querer ser o ás do volante amanhã. Tudo requer prática, e temos de dar tempo ao tempo e a nós mesmas.

Eu sei que, ao perceber que você está toda enrolada, a vontade de mudar a situação imediatamente é muito grande. A gente fica ansiosa, querendo recuperar o tempo perdido e esquecer que isso aconteceu um dia. Mas na realidade, não dá para ser assim. É um processo que você precisa entender, treinar, praticar e se aperfeiçoar. E tudo isso requer tempo. Uma coisa é certa: quanto mais você se aplicar, mais rápido esse processo acontecerá.

Se você estiver determinada a mudar sua vida financeira, tenha certeza de que isso vai acontecer, e você vai prosperar. Porém, você precisa estar ciente de que quanto mais dinheiro tiver, mais tempo terá de investir para cuidar dele e administrá-lo. Aquela imagem do sujeito rico que dorme e acorda sorrindo, e tem um monte de gente que cuida perfeitamente de tudo o que lhe pertence é pura ilusão. Se você não possui carro, vai ter de andar de transporte público, mas, por outro lado, não terá nenhuma dor de cabeça no dia em que o carro quebrar e você precisar gastar um dinheirão para consertá-lo. Não tem de pagar pelo seguro nem pela manutenção; não se preocupa em abastecê-lo periodicamente, nem em deixá-lo sempre limpo, com os documentos e impostos em dia. Não é preciso calibrar os pneus, fazer revisão e por aí vai. Possuir um carro, mas não querer ter todo o trabalho que ele exige não faz nenhum sentido. Se você for a dona de dois carros, então, o trabalho é dobrado. Por um lado, mais conforto e comodidade; por outro, mais responsabilidades e cuidados — em outras palavras, mais dor de cabeça! É assim com tudo o que se refere ao nosso patrimônio. Guarde mais uma frase daquelas para a vida toda:

> Não basta conquistar, é
> necessário estabelecer.

É por isso que você vê tanta gente que, um dia, está lá em cima, arrebentando, mas, no outro, perde tudo e fica pior do que seu estado inicial. Essas pessoas ganham dinheiro, mas não sabem administrá-lo. Compram, mas não sabem cuidar. Conquistam, mas não sabem como estabelecer. Portanto, não pense que você vai resolver todos os problemas se, amanhã, seu patrão dobrar seu salário. Se você se enrola ganhando pouco, o "enrosco" vai ser ainda maior se você passar a ganhar mais, pode estar certa disso. Se não fosse assim, como explicar tantos casos de pessoas que ganharam rios de dinheiro na loteria e hoje não têm um centavo sequer? Dinheiro não é tudo. É necessário entender a dinâmica dele.

Feijoada pode ser um prato muito saboroso, apesar disso, uma criança de colo não deve comê-lo. Não porque o prato em si tenha algum problema, mas porque não é o momento certo. O organismo do bebê ainda não está pronto para receber uma comida tão forte e, até que ele cresça e se desenvolva, melhor ficar só na papinha mesmo. Assim somos nós. Há pessoas que ainda não estão preparadas para ter coisas maiores, responsabilidades e ganhos mais substanciais, pois não vão saber como manter a dinâmica de:

Conquista — Boa administração
— Estabelecimento

Se você está disposta a crescer, tem de estar disposta a enfrentar e resolver problemas constantemente. Não quero desanimá-la, mas, sim, transmitir-lhe o real significado do que é crescer. Se você está no meio da multidão, vestida igual aos demais, provavelmente ninguém vai perceber sua presença. Se você, porém, vestir-se melhor, vai se destacar de alguma forma e passará a ser mais notada que os demais. Se subir um degrau, ficará ainda mais à vista. E se crescer e subir uma montanha, as pessoas que estão lá em baixo, acomodadas, provavelmente se incomodarão com seu sucesso. E sabe qual será o próximo passo? Elas vão criticar você. Pouquíssimas serão as pessoas que saberão reconhecer seu sucesso, pois é muito mais fácil criticar e justificar o fracasso delas do que seguir seu exemplo e querer crescer também. Infelizmente é assim que as coisas funcionam, e você deve estar pronta para isso.

Vivemos numa cultura que acredita equivocadamente que "vida de patrão" é moleza, que ter dinheiro é viver num mundo cor-de-rosa, no qual as coisas acontecem de maneira muito mais fácil e sem os atropelos característicos da vida do pobre. É claro que a vida com dinheiro é muito melhor do que a vida sem dinheiro, mas, não pense que todo o conforto que o dinheiro pode proporcionar não cobra seu preço.

Quando você é funcionário de uma empresa, precisa dominar tudo o que o seu cargo exige. Você tem de chegar na hora certa, mas terá sempre um horário de saída e poderá contar com sua folga semanal remunerada. Quando você é o dono da empresa, tem de conhecer cada função e cargo a ser desempenhado nela, não apenas uma função específica. Precisa estar por dentro dos impostos, das leis e de todas as obrigações às quais um empresário está sujeito. Muitas vezes, não tem hora para sair, não tem final de semana remunerado e, se ficar doente, não possui um salário assegurado ao final do mês.

No Brasil, cerca de 60% da mão de obra é empregada por pequenas ou médias empresas, e não por grandes conglomerados (há algumas divergências quanto a esta estatística, mas muitas fontes idôneas apontam para esse índice). Portanto, a imagem do megabilionário que escolhe um dos quarenta carros de sua abastada frota para ir jogar golfe, depois de ter tomado um café da manhã regado a champanhe e caviar servido em bandejas de prata — enquanto milhares de funcionários trabalham para enriquecê-lo ainda mais — é para uma porcentagem ínfima da população. Porém, apesar do exagero dessa descrição, o brasileiro ainda acha que a pessoa que abre seu próprio negócio é um camarada que já está com o burro na sombra. E pior: é o sujeito que explora o trabalhador. Empresário neste país tem de trabalhar muito, ralar muito e resolver muitos, mas muitos, problemas. Boa parte desse esforço vai, simplesmente, para o pagamento dos impostos e de todo tipo de obrigação que um sem-fim de leis exige. Chova ou faça sol, o micro, pequeno e médio empresário têm de se virar para pagar salários, impostos, cumprir suas obrigações e manter as portas abertas. Feito isso, ele vai ver se sobrou alguma coisa para si e para investir no crescimento da própria empresa. Mesmo em meses de vacas gordas, ele precisa poupar e administrar bem os recursos, pois não sabe como será no mês seguinte. É óbvio que estou falando do empresário honesto, que trabalha de forma lícita. De igual forma, todas as vezes que me refiro a funcionários, considero aqueles que querem trabalhar dentro da ética e que desejam crescer profissionalmente. Para os que estão fora desse enquadramento, infelizmente, não há muito o que fazer.

Então, amiga, esteja ciente de que críticas virão, problemas virão — aos montes —, e você precisa estar preparada para tudo. Apesar dos pesares, vale muito a pena lutar para conquistar tudo aquilo que sonha em ter. No passado, eu me achava uma injustiçada na vida por não ter um pai que pudesse me dar um carro quando eu completasse 18 anos. Mas, hoje, dou graças a Deus por não ter tido isso. Aos 18 anos, juntei dinheiro a duras penas, e comprei meu primeiro carro antes de completar 19 anos. Era um carro bem usadinho, que precisava de um monte de reparos, mas a satisfação que tive ao saber que o havia conquistado por meus próprios méritos fez com que ele parecesse o melhor carro do mundo.

Então, já que os problemas virão — quer você queira quer não — é melhor estar preparada para botar para quebrar!

A arte de resolver problemas

Já ouviu aquela máxima "Devo, não nego, pago quando puder"? Pois é, nossa cultura é engraçada mesmo. Ou a pessoa morre de vergonha de negociar uma dívida e fica pagando juros eternamente, ou é cara de pau de vez! Em tudo devemos ter equilíbrio e, por isso, você não vai sair por aí dizendo que deve mesmo e fim de papo, mas também não precisa dar uma de avestruz e enfiar a cabeça no primeiro buraco que aparecer pela frente.

O fato de você estar devendo — ou de estar enfrentando algum problema —, apesar de ser uma coisa chata e constrangedora, não significa que você tenha de ser destratada, nem de se achar culpada para sempre, amém! Problemas acontecem, e o segredo para se viver bem é saber resolvê-los. Conheço pessoas que dizem que vão pagar todos os juros que o banco está cobrando (e os que ainda há de cobrar) simplesmente porque, na hora de pedir o empréstimo, concordaram com todas as cláusulas do contrato, ainda que várias delas sejam abusivas. Parece que a pessoa quer se "purificar" através do castigo de perder mais dinheiro do que deveria. Ou quer evitar apenas a chateação de negociar com o banco, com a administradora do cartão ou com quem quer que seja. Ao evitar essa dor de cabeça agora, você pode estar gerando uma muito maior no futuro, além de alimentar um sistema injusto que explora muitos para o benefício de poucos.

Em primeiro lugar, você deve compreender que problemas sempre existirão. Sempre. Todos os dias, enquanto você viver. Por isso, quem desenvolve a arte de resolvê-los acaba se dando muito bem em tudo. Você notou um detalhe na frase anterior? Eu disse quem **desenvolve** a arte, não quem nasce com ela. Por isso, nem pense em dizer que não nasceu para isso ou que não recebeu esse dom. Você precisa é apenas desenvolvê-lo ao longo da vida; e, para isso, só praticando. Quando bebê, você começou a falar falando, então comece a resolver problemas resolvendo!

A primeira lição para quem deseja ser um solucionador de problemas é enfrentá-los cara a cara e o quanto antes. De preferência, quando ainda são pequenos e parecem ser inofensivos. Melhor ainda se nem tiverem nascido. Hoje em dia, no mundo corporativo, fala-se muito em proatividade, mas pouca gente sabe o que essa palavra significa de fato. Geralmente se pensa que o proativo é aquele que resolve os problemas, que dá ideias, aponta soluções e participa de todas as esferas que seu cargo ou função abrange. Porém, o proativo, segundo o *Dicionário Houaiss da Língua Portuguesa*, é aquele que "visa a antecipar futuros problemas, necessidades ou mudanças; antecipatório". Com isso, concluímos que o proativo não é simplesmente aquele que resolve problemas, mas aquele que se antecipa a eles. Esse é um estágio que você deve almejar alcançar, pois o profissional do futuro (empresário ou funcionário) deve ter esse perfil.

Você já conversou com pessoas que têm uma facilidade enorme em levantar barreiras e criar problemas até onde não existem? Eu já, e é um horror! A pessoa conta um problema (que às vezes nem é um problema) e você sugere uma solução simples. Daí ela diz que não adianta, mesmo que nunca tenha tentado, porque não é possível que seja tão fácil de resolver aquele "problemão" que ela carrega há anos. Então você insiste e até conta que já passou por aquilo e que resolveu de tal forma. Porém, a pessoa parece que está em transe e não assimila que basta uma simples mudança para começar a ver um resultado diferente. Quem age sempre da mesma maneira não pode esperar novidades. É óbvio, mas nem todo mundo compreende.

Hoje em dia, as pessoas vivem tão cheias de seus "problemas" que param de raciocinar. E quando a gente para de usar aquilo que há de mais precioso em nós — e que nos diferencia de todos os outros animais — a coisa fica muito feia. Os probleminhas bobos, que poderiam ser resolvidos facilmente, crescem, tomam força e engolem muita gente. Você fala, mas a pessoa parece que está em outra dimensão, no meio de uma confusão mental que, se você não se cuidar, pode acabar sugando-a também!

Certa vez, uma repórter veio me entrevistar e, no mesmo dia, iria cobrir também um ensaio de moda que meu marido fotografaria. Seriam duas pautas, ambas realizadas no estúdio dele. Nós estávamos com tudo pronto, esperando pela jornalista. Só que ela chegou com tanta pressa que passou direto por nós dois e nem nos viu! Simplesmente foi entrando toda esbaforida sem saber para onde ia. Depois virou, olhou para mim e começou um diálogo, no mínimo, curioso, sem dar nenhum "boa tarde" e tampouco se apresentar:

— Quem que vai lançar o livro? É você?

— Sim, sou eu. Mas já lancei há seis meses, e é sobre...

— Então você é a... — consulta o bloquinho que tem na mão — Pa-tri-ci-a? É isso?

— Sim, sou eu.

— Tá, só um minuto.

Joga o bloquinho dentro da bolsa, pega o celular e liga para o chefe:

— Oi, cheguei. Meu, que trânsito nessa 23 de Maio... Ai, nem me fala! Tô aqui com a... — procura o bloco na bolsa e não acha, então estala os dedos para mim enquanto tento adivinhar o que ela quer. — Desculpe, como é seu nome mesmo?

— Patricia.

— Tô com a Patricia, a moça que vai lançar o livro de moda, aquele não-sei-o-quê da bolsa... Em 15 minutos eu tô saindo para a outra pauta, tá? Como assim que outra pauta, chefe? A outra pauta. Não tem duas? Não é o livro de moda e a pauta do fotógrafo? Ai, como você é confuso, chefe, deixa que eu resolvo! Tchau!

Quando ela desliga, suspira e manda essa:

— Gente, como pode uma pessoa ser tão desorganizada que nem esse meu chefe? Cruzes... Então... Priscila, digo, Patricia, você tem alguma coisa aí do livro pra eu ver? Vai lançar quando?

— Tenho o próprio livro, já foi lançado. Só que não é um livro de moda. É de economia.

— Ué, mas o que tem a ver moda e economia?

— Olha, a sua redação entrou em contato comigo dizendo que você viria aqui para fazer duas matérias diferentes para o suplemento feminino: uma é o ensaio de moda que meu marido vai fotografar. E a outra é a entrevista comigo sobre o livro *Bolsa blindada*. São duas pautas diferentes, mas as duas são aqui, entendeu? Este é o livro — entrego um exemplar.

— Sim, eu entendi — diz ela, visivelmente sem paciência e colocando o livro de lado sem nem olhar para ele —. Mas acontece que não era esse livro. Espera aí...

Liga de novo para o chefe:

— Oi? Chefe, tá tudo errado aqui. O livro não é de moda e eu não tô vendo nada de fotografia... Tem certeza de que me passou a pauta certa? Quê? Se aqui é um estúdio? Não, não é! Espera, chefe. Ô, Patricia! Aqui é um estúdio?

— Sim. Ele ali é o fotógrafo que vai fazer o ensaio de moda e aquela ali no camarim é a modelo, tá vendo? — A modelo acena para ela. — A gente só estava esperando você e...

— Tá, mas eu tô falando de outra coisa agora — volta ao telefone e me deixa falando sozinha. — Alô? Chefe? É um estúdio sim, nem reparei no meio da correria... Tem uma moça aqui, modelo, sei lá... Mas, e o negócio do livro? O livro não é de moda, eu não tinha de falar de moda? Chefe, você está me ouvindo? Ai, não aguento mais! Patricia, fala aqui com o meu chefe e resolve a bagunça que vocês fizeram!

Enquanto eu tranquilizava o tal chefe da redação, a repórter estava tão estressada que até ofegava. Simplesmente parecia que ela não estava ali e, como demonstração de seu "sofrimento", colocava a mão na cabeça e repetia: "Meu Deus, por que as pessoas são tão complicadas? Eu mereço!".

Vamos deixar de lado os fatores **falta de educação**, **falta de respeito** para com um superior, **falta de consideração** com pessoas que ela nem conhecia (e que agia como se não estivessem ali), e **falta de bom senso**, por estar em um ambiente no qual entrou sem ao menos pedir licença nem se apresentar. Vamos nos ater à análise do que ela considerava um "problemão", antes que esse assunto renda outro livro!

Perceba que, do ponto de vista dela, o dia estava uma bagunça, o chefe era um desorganizado e eu devia ser uma alienígena que falava algum idioma desconhecido pelos seres humanos. A questão é que não havia nenhum problema. Ela estava no lugar certo, com as pessoas certas, com as pautas certas, porém, dentro da cabeça dela, estava tudo errado e desorganizado; ninguém a compreendia e ela estava se sentindo pressionada, com o dever de resolver tudo sozinha, enquanto as pessoas ao redor só complicavam ainda mais sua vida já atribulada. Se ela tivesse sido demitida por essa confusão toda, creio que se sentiria a mais injustiçada das profissionais, uma vez que ela é que estava "resolvendo" toda a bagunça que "nós" fizemos.

É assim que as pessoas têm conduzido a vida, focando onde não há problema — ou em questões que não podem resolver, como o trânsito da cidade de São Paulo — enquanto os problemas reais ficam sem solução.

Quando consegui acalmar a repórter, ela percebeu que estava tão tensa que ficou até sem graça. Quando se deu conta de que não havia nada errado, percebeu que não tinha se concentrado na pauta em si, portanto, não sabia o que fazer. Com isso, já pensou em ligar pela terceira vez para atazanar a vida do chefe, o qual já devia estar com a paciência no topo da colina! Em vez de ter aproveitado a lentidão do trajeto para definir o que iria fazer, ler a pauta e, de repente, até me ligar para adiantar algo a fim de chegar com tudo na ponta da língua, a moça preferiu reclamar com o motorista, estressar a equipe toda e xingar cada carro parado na frente dela. Com todo o estresse que ela atraiu para cima de si mesma, não sobrou tempo para mais nada, nem mesmo para raciocinar. Estava tão ocupada, mas tão ocupada, que não teve tempo de pensar. Triste, né? Mais triste ainda é que isso está se tornando muito comum, cada vez mais.

Não podemos nos conformar com esse tipo de atitude. Não importa se todo mundo age assim, pois você não é todo mundo (aposto que sua mãe dizia isso quando "todo mundo" iria àquela festa e só você não poderia ir, né?). Se você chegou até aqui em sua leitura é porque tem interesse em ser uma pessoa melhor, e **reservar tempo para raciocinar é um quesito básico para quem quer ser melhor.**

Não perca tempo com o que não vale a pena; ao contrário, use o tempo para solucionar problemas reais.

Eu fico imaginando se essa repórter estivesse endividada. Com tanto estresse e energia desperdiçados, no final do dia, garanto que a última coisa em que ela iria pensar seria como pagar seus débitos. Provavelmente, se atiraria no sofá e vegetaria por horas na frente da TV a fim de espairecer um pouco sua mente tão cansada. Consegue perceber como viver o dia a dia no automático consome o seu tempo e suga as suas forças a troco de nada? Não entre nessa! Apareceu um problemão? Você está perdendo o controle? Está ficando nervosa e sem saber o que fazer? Não faça nada! Promova o "Momento Para Tudo!" (para do verbo parar!) e acabe com a loucura enquanto é tempo. Vá até um local reservado, ainda que seja um banheiro, feche a porta e respire fundo. Analise, pense, raciocine. Isso é mesmo um problema? Será que você não está exagerando? Será que está supervalorizando uma situação por estar naqueles dias fatídicos nos quais nem nós, mulheres, nos entendemos? Tenha calma! Lembre-se de que para tudo há solução, e que nenhum problema permanece para sempre. Que tal fazer dois exercícios que vão aliviar as horas de estresse e lhe mostrar que não vale a pena esquentar demais a cabeça?

"Momento Para Tudo!"

Depois da instituição do "Momento Epa!" — no qual você vai dar um basta nas situações externas que ultrapassam os limites aceitáveis —, agora você vai usufruir de outra técnica muito bacana, o "Momento Para Tudo!". Nele, em vez de dar um basta externo, você vai dar um basta interno. É aquele momento de refletir, pensar e cuidar da sua saúde mental antes de fazer alguma bobagem.

O primeiro exercício é uma técnica clássica de respiração adotada por muitos psicoterapeutas, e amplamente divulgada como um calmante natural. A técnica pode ser considerada um autogerenciamento de ansiedade, ou seja, você mesma pode tentar se acalmar sem necessitar de grandes intervenções. É claro que em casos nos quais a ansiedade é recorrente e começa a atingir níveis preocupantes, você deve buscar ajuda profissional. Para o dia a dia, todavia, bastam três ou quatro minutinhos para você já sentir alguma diferença.

Alguns chamam a técnica de respiração quadrada, pois ela é feita em quatro etapas de duração igual. É bem simples. Sente-se o mais confortavelmente possível, de preferência em um ambiente bem tranquilo, e inicie a respiração:

1. Feche a boca e inspire pelo nariz, contando mentalmente até 4.
2. Prenda o ar nos pulmões e conte mentalmente até 4.
3. Solte o ar lentamente, contando mentalmente até 4.
4. Mantenha-se sem ar, contando mentalmente até 4.

Repita todo o processo calmamente, por três ou quatro minutos, deixando que seu corpo desacelere e se tranquilize por si só. Não pense que isso é uma perda de tempo, pois o simples fato de você se afastar por alguns minutos de um local de tensão e evitar a tomada de decisões precipitadas já pode ser muito proveitoso.

E agora, o segundo exercício, que vamos chamar de "Técnica Jair Rodrigues", homenageando esse grande ícone da nossa música que nos deixou em 2014. É o exercício do "Deixa isso pra lá". Conhece a música? Aqui vai um trechinho para descontrair!

Deixa que digam
Que pensem
Que falem
Deixa isso pra lá
Vem pra cá
O que que tem?
Eu não estou fazendo nada
Você também
Faz mal bater um papo
Assim gostoso com alguém?

Agora mãos à obra! Responda às questões abaixo:

1. Que dia é hoje?
_____ / _____ / 20____

2. Qual o seu maior problema hoje?

_____
_____
_____
_____
_____
_____

3. No ano passado, nesta mesma data, qual era o seu maior problema?
   ( ) Tenho certeza de que não tive nenhum problema nesta data no ano passado.
   ( ) Não me lembro de nada que me aconteceu nesta data.
   ( ) Devo ter tido algum problema, mas não me recordo.
   ( ) O meu problema há exatamente um ano era este:

_____
_____
_____
_____
_____
_____

Sem querer adivinhar suas respostas, creio que você nem se lembra mais se teve ou qual tenha sido seu problema um ano atrás, a não ser que você tenha realmente passado por algo de grande vulto, como um falecimento na família, uma demissão, o rompimento de um relacionamento ou algo do tipo. Mas em geral, as pessoas não têm a menor ideia do que estavam vivendo há exatos 365 dias, ainda que, naquela época, poderiam estar achando que seus problemas eram insolúveis.

Amiga blindete, o que você puder resolver, resolva. Invista em solucionar problemas e em evitar o surgimento de outros. Não supervalorize as situações adversas e não gaste energia naquilo que não depende de você. Pense que, daqui há um ano, você talvez nem se lembre pelo que está passando hoje!

Isso não quer dizer que você deve adiar a solução de seus problemas. Você deseja crescer, e já sabe que não será do dia para a noite, mas não é por isso que vai ficar protelando aquilo que deve ser feito. Nem ansiedade demais, nem acomodação demais. Tudo tem sua hora, basta fazer o que tem de ser feito, sem demora e também sem precipitação. Isso é equilíbrio.

Para que você cresça, é preciso construir primeiro uma base sólida, senão a casa cai. Em construção, fazer a estrutura e trabalhar nas fundações é um processo demorado e nada vistoso. Quem olha a obra de fora pensa que não está acontecendo nada porque não se vê nenhuma parede, nenhuma coluna, telhado, nada. No entanto, se a fundação não for muito bem feita, de nada vai adiantar ter uma construção aparentemente linda. Um dia ela vai para o chão, e você não vai querer estar lá dentro. Assim é sua vida financeira. Enquanto você organiza e cria as estruturas para crescer, pode parecer que não está acontecendo nada. É comum que a família ou os amigos cobrem de você o resultado de seu trabalho ou de suas economias. Perguntas que pressionam são bem comuns, e acabam gerando uma ansiedade que pode levá-la a meter os pés pelas mãos. "Quando você vai finalmente comprar um carro?" "Quando vai reformar essa casa?" "Quando vai trocar esse guarda-roupa vergonhoso?" Não se deixe levar por nada disso, antes, foque na construção de sua estrutura. Não importa se os outros não estão vendo nada ainda, eles não perdem por esperar! Porém, muita gente já caiu nessa e em outras e pagou a conta com o cartão de crédito ou com o limite do cheque especial. Daí, acabou entrando no tão temido rotativo e, agora, está tão tonta com essa rotação toda que não sabe mais para que lado ir. Nesse caso, o que fazer?

Como você já deve saber, os juros cobrados pelos bancos e operadoras de cartões de crédito e em relação ao limite pré-aprovado são uma verdadeira bola de neve, pois são aplicados mensalmente sobre o saldo atualizado da dívida. É o que chamamos de juros sobre juros. E a taxa é uma das mais altas do mercado, tornando muito difícil a solução dessa conta toda. É muito fácil entender a dificuldade de se sair dessa: sua dívida cresce todo mês e seu ganho permanece igual; outras despesas vão surgindo e, em meio a tudo isso, você tem de continuar vivendo, ou seja, gastando.

Ainda que pareça não haver solução, e que a dívida se tornou impagável, você deve buscar uma saída e se empenhar em encontrá-la. Empurrar o problema para frente, pagando um pouquinho por mês, não vai ajudar e, em algum momento, essa casa vai cair. Pagar o rotativo só vai adiar a queda, e não evita o desmoronamento. Falando nisso, é hora de contar a história do dia em que a nossa casa caiu.

A casa caiu. Mesmo!

Minha infância não foi nada fácil em termos financeiros. Meu pai não ajudava em nada nas despesas de casa e sobrou tudo para minha mãe. Tínhamos um teto sobre nossas cabeças apenas porque meu avô materno deu à minha mãe uma casa como presente de casamento. Esse é um dos motivos pelos quais sempre me interessei muito mais por meu avô do que por meu pai. Eu admirava aquele homem que tinha vindo de outro país sem saber nada sobre o Brasil, mas que construiu um patrimônio que lhe permitiu dar uma casa para cada filho, além de garantir uma vida razoavelmente segura para minha avó. Meu pai era totalmente o contrário. Minha mãe tinha de fazer milagres com o pouco dinheiro que ganhava. Na casa só havia um quarto, então a sala foi convertida em "quarto das crianças", sobrando nada mais que um corredor para a cozinha e um banheiro minúsculo para quatro pessoas. Era tudo muito organizado e limpo, pois minha mãe era um general que não permitia bagunça, mas era bem apertado e incômodo para nossa família. O sonho de minha mãe era construir um quarto para eu dividir com minha irmã e podermos ter uma sala de verdade. No entanto, minha mãe mal podia manter aquela casinha — o que faria se tivesse uma maior? Uma casa requer manutenção elétrica e hidráulica, pintura e todo tipo de reparo que o tempo exige. E a nossa, mesmo minúscula, já não ia lá muito bem das pernas, ou melhor, das telhas.

O forro era de estuque (um tipo de argamassa geralmente feita de cal fina, areia, gesso e pó de mármore), e com a falta de manutenção no telhado, a água foi se infiltrando, levando o forro a ceder — a "embarrigar", nas palavras de um pedreiro. Como não podíamos pagar pelo valor orçado pelo pedreiro, que incluía trocar as telhas ruins e refazer o forro, a "solução" foi fazer furos no estuque para escoar a água da chuva que as telhas não conseguiam conter. Assim, a água não empoçava e o forro iria aguentar por algum tempo, até as coisas melhorarem. Só que essa medida transformou o forro, sobre a mesa da cozinha, numa espécie de chuveiro gigante. Quando chovia, de cada furo escorria água e nossa casa virava um festival de baldes, bacias e afins. Toda vez que saíamos de casa, tínhamos de deixar o "circo armado", pois não sabíamos se iria chover ou não. No início era um ritual demorado: pegar todos os baldes e tentar colocar bem em baixo de cada furo para a água não cair fora. Mas com o tempo, ficamos craques.

O problema não era só quando chovia. Às vezes, quando estávamos fazendo alguma refeição, notávamos um pouco de areia do forro caída na toalha da mesa. As poucas pessoas que nos visitavam ficavam morrendo de medo de aquele teto cair de uma hora para outra, mas nós acabamos nos acostumando com ele daquele jeito, e já nem lembrávamos que havia um perigo dentro de casa. Sentávamos ali para fazer nossas escassas refeições (muito frequentemente uma omelete de um ovo só, dividida para quatro pessoas) e para fazer a lição de casa. Lembro-me de que passava horas e horas na mesa, desenhando em meus bloquinhos amarelos e soprando a areia que caía neles de vez em quando. Depois, tinha de varrer muito bem para não riscar o chão encerado.

A vida não era fácil, mas nem por isso minha mãe dava moleza para nós. Todos os dias tínhamos que levantar cedo e fazer nossas tarefas. Mesmo as brincadeiras seguiam regras e horários. Havia a hora do café da manhã (que, apesar de ter esse nome, era quase sempre um chá preto e nada mais), a hora de desenhar (nos bloquinhos que eu ganhava de um ex-patrão de minha mãe), a hora de ajudar em casa, a hora de brincar, a hora de assistir à TV, a hora de comer e — pasmem — até a hora de usar o banheiro. Minha mãe olhava no relógio, indicava o banheiro com a cabeça e dizia: "Está na hora!", e lá ia eu. Tudo cronometrado para que ela pudesse dar conta da casa, de nós, do trabalho e das contas. Até hoje é o relógio que manda na vida da minha mãe. Se você lhe propuser qualquer coisa, ainda que seja tomar um café, a primeira pergunta dela será: "Mas é hora de café?" Bem, ela funciona assim!

Aos domingos, a lei era mais branda. Minha irmã e eu podíamos ficar na cama até minha mãe voltar da feira. Era legal, porque podíamos ficar de pijama assistindo à TV! Havia um ritual que se repetia toda semana: minha avó Maria ia mais cedo à feira para comprar coisas melhores. Quando ouvíamos o portão, já sabíamos que era ela chegando com as "coisas da semana". Minha mãe ia até a casa dela e ajudava a arrumar tudo para a macarronada que minha vó preparava religiosamente todo domingo. Em seguida, era a vez de minha mãe ir à feira, na hora em que os preços baixam. A hora da xepa! Quando ouvíamos o portão de novo, era hora de levantar e ajudar minha mãe a guardar as poucas coisas que ela havia conseguido comprar.

Depois, trocávamos de roupa e íamos para a casa da dona Maria, esperar o macarrão. Ai, que saudade!

Mas teve um domingo que foi bem diferente. Um tempo depois de minha mãe sair para a feira, umas pedrinhas do forro começaram a cair. Não era só aquela areia fina, já havia pedacinhos maiores de estuque. Deitadas, minha irmã e eu sentimos medo, mas era melhor ficar ali do que tentar correr para fora e ter de passar por baixo do local em que as pedrinhas caíam — caminho obrigatório para chegar à porta. Chamamos nossa cachorrinha para ficar perto de nós e fingimos que não estava acontecendo nada, com os olhos fixos no "Domingo no Parque", comandado pelo Silvio Santos. Sim, sou dessa época!

De repente, ouvimos um barulho tão grande que ficamos desnorteadas. Quando tentamos entender o que tinha acontecido, uma nuvem imensa de pó não nos permitia ver nada. Tentei saber se minha irmã ainda estava na cama e se a cachorra estava conosco. Tudo certo com as duas. Ficamos imóveis, esperando a poeira baixar, como se tivéssemos feito alguma coisa muito errada. Quando olhamos para cima, não havia mais forro. Só víamos as telhas e a luz do sol que passava pelos diversos vãos e buracos que havia nelas. Ali estava a razão das goteiras que, aos poucos, acabaram com o forro e, por pouco, não acabaram com a gente. Se o pior tivesse acontecido, hoje você não estaria lendo este livro.

Ficamos apavoradas. "A mãe vai ficar uma fera! Vamos limpar isso! Será que estragou a mesa? E agora? Nós só temos essa!" Dentro de casa, não tínhamos noção de que a rua inteira havia escutado o estrondo. Minha mãe ouviu, apesar de estar na rua ao lado, e achou que poderia ter vindo da nossa casa. Correu o mais rápido que pôde e entrou em casa, branca feito cera. Eu nunca tinha visto minha mãe apavorada antes, então entendi que a coisa era grave. Ela não ligou para as cadeiras estofadas que foram rasgadas e nem para a sujeira na casa inteirinha, só queria saber se estávamos bem e se alguma coisa tinha caído em cima da gente. Graças a Deus não aconteceu nada, mas esse episódio ilustra que, quando adiamos a resolução de um problema, em algum momento, ele vai cobrar seu preço.

Quando ignoramos os problemas, estamos apenas deixando que eles se tornem ainda maiores. A "dividazinha" de hoje, se você deixar rolar, pode se tornar o forro arqueado que vai cair na sua cabeça amanhã. Eu sei que nem sempre dá para resolver na hora, mas é preciso ter um plano de ação para solucionar os problemas financeiros, e não apenas remediá-los.

Quando você paga somente o rotativo do cartão, é como se estivesse fazendo furos no estuque para que ele não caia amanhã. Só que isso não vai impedi-lo de cair na semana que vem ou mesmo em um domingo de sol.

Pense nisso e crie coragem para negociar a sua dívida ou fazer aquilo que está adiando, o quanto antes.

Como anda o bolso do brasileiro

Cartões de crédito, limite de cheque especial, prestações e muitos compromissos assumidos assombram o bolso dos brasileiros. Esses têm sido os maiores vilões no orçamento das pessoas, e se também são os seus, vamos sugerir mais adiante algumas formas de sair deles. Antes, é necessário entender por que isso acontece.

Além de abusar do cartão e do limite da conta, os brasileiros mergulharam no crediário como nunca. A facilidade de aprovação de crédito e as parcelas a perder de vista mostraram às pessoas que elas poderiam ter o que antes não seria possível. É como se uma cortina tivesse sido aberta, dando a visão de um novo mundo em que as maravilhas modernas estão disponíveis para todos. É claro que ter todo esse crédito disponível e poder adquirir bens é algo muito positivo, mas o problema é que as pessoas não foram preparadas para isso. Seria como deixar um bando de crianças trancadas por meia hora em uma sala cheia de guloseimas. Mesmo aquelas mais contidas, que ficaram se segurando para não atacar os brigadeiros, acabaram cedendo ao ver as demais se esbaldando. Quando se compra um novo produto, a primeira coisa a fazer antes de usá-lo é ler o manual de instruções. Não agindo assim, corre-se o risco de estragar o produto logo de cara. Pois bem, o bom uso do crédito não veio com manual. As campanhas publicitárias mostram pessoas dançando e cantando em agências bancárias, sorrindo ao assinar mais um empréstimo, entupindo a casa de todo e qualquer tipo de eletroeletrônico, com a família linda e bem-vestida, divertindo-se a valer. Mas, e quanto ao dia em que você recebe um aviso que seu nome será negativado caso não pague seu débito atrasado em dez dias? Onde estão as músicas e as danças? Cadê as pessoas sorrindo, felizes, sentadas em seus estofados novinhos, diante de sua TV 3D de 52 polegadas? Sobre isso ninguém fala, não é verdade?

Em nosso país, falta essa orientação, essa educação financeira tão necessária. Ao contrário do que muita gente imagina, economia não é deixar de comprar nem viver no aperto. Economia significa consumir com consciência, cuidando para que suas aquisições não se tornem numa dor de cabeça amanhã. Mesmo vivendo em um mundo tão moderno, cheio das mais variadas tecnologias, ainda creio que as respostas estão lá atrás, em tempos nos quais nem sonhávamos nascer. Digo isso pois, sempre que leio a Bíblia, especialmente o livro de Provérbios, vejo o quanto as instruções dadas há milhares de anos servem para nós nos dias de hoje. Veja o que diz esse pequeno trecho de Provérbios 10:22:

"A bênção do Senhor traz riqueza,
e não inclui dor alguma".

    O que entendo quando leio esse trecho é que as bênçãos, quando não vêm da maneira que deveriam, podem trazer dores, mesmo sendo bênçãos. Apenas o que é adquirido com sabedoria não traz desgosto. E o que é a sabedoria, senão o próprio Deus que a criou? Trocando em miúdos: é preciso comprar com a cabeça, não com o coração, porque depois é o bolso que vai sofrer. Seus olhos veem, seu coração deseja, mas o bolso não pode comprar? Use a cabeça e não coloque os carros na frente dos bois. Em tudo temos de ter moderação e equilíbrio, e considerar o que possuímos de mais precioso: nosso nome. Creio que termos tantas linhas de crédito hoje seja uma coisa boa. Porém, se o brasileiro prosseguir se endividando e entrando e saindo dos órgãos de proteção ao crédito, o que será de nosso bolso? Precisamos aprender a usar as coisas boas que estão disponíveis, e não fazer delas coisas ruins para nós mesmos.

    Segundo a Pesquisa de Endividamento e Inadimplência do Consumidor (Peic), realizada com cerca de 18 mil consumidores em todo o Brasil pela Confederação Nacional do Comércio (CNC), o percentual de famílias endividadas no país em janeiro de 2014 era de mais de 63%. Este índice é maior que o do mês anterior (dezembro de

2013) e ainda maior que o do mesmo período do anterior (janeiro de 2013). Veja o quadro:

Síntese dos resultados
(% em relação ao total de famílias)

	Total de famílias endividadas	Com dívidas ou contas atrasadas	Sem condições de pagar
Janeiro de 2013	60,2%	21,2%	6,6%
Dezembro de 2013	62,2%	20,8%	6,5%
Janeiro de 2014	63,4%	19,5%	6,5%

www.bolsablindada.com.br

O que podemos analisar, além do aumento do número de pessoas se endividando, é que boa parte delas tem dívidas em atraso, e algumas já sabem que não conseguirão saldá-las. Se você prestou atenção, viu que a pesquisa foi feita pela Confederação Nacional do Comércio, uma entidade que procura mostrar aos comerciantes como anda o crédito do consumidor brasileiro. Para quê? Para que saibam o risco que correm ao liberarem crédito para seus clientes. Quando o comércio analisa que cerca de 20% das pessoas irão atrasar as prestações, e que mais de 6% não terão como pagar, a ordem do dia é proteger seu negócio contra esses atrasos e calotes. Como fazer isso? Aumentando os juros do crediário. Aqui você pergunta: o que eu tenho a ver com isso? Eu respondo: tudo! Diante desses números, o comércio passará a embutir mais juros nas próximas vendas — mesmo que afirmem que o parcelamento é sem juros —, e você vai pagar uma geladeira e meia para compensar o outro cliente que comprou a mesma geladeira, porém pagou só metade das prestações. O comércio não pode quebrar, então alguém tem de pagar a dívida. Você é uma forte candidata a contribuir para que essa conta seja fechada positivamente.

Comprar a prazo é uma mão na roda, pois você paga um pouco por mês e não sente muito a falta do dinheiro em seu orçamento. Quando esse recurso passa dos limites, no entanto, é ruim para todo mundo.

Tenha em mente que você precisa considerar todos os seus gastos, não só aquela prestação isolada. Os economistas sugerem que as pessoas comprometam em prestações e empréstimos não mais que 30% de seu ganho total. Isso serve para orçamentos isolados e também para os orçamentos familiares. Tendo sua planilha orçamentária sempre em ordem, você saberá quanto de seu dinheiro já está comprometido, quando terminará de pagar por determinado bem e quando poderá fazer uma nova compra. Dessa forma, você não deixará de comprar, apenas comprará na hora certa, sem se enrolar.

Se você tiver a possibilidade de juntar o valor do que deseja adquirir para fazer a compra à vista, melhor ainda.

Como mencionei, as lojas não estão vendendo a prazo sem juros, isso não existe. Há sempre um banco ou financeira concedendo uma linha de crédito para aquele lojista, e ele simplesmente a repassa a seus clientes. Ou seja, quando você compra um bem a prazo, na verdade, está comprando duas coisas: o próprio bem e um empréstimo. O bem é vendido pela loja, e o empréstimo, pelo financiador. Como você deve imaginar, nada se vende sem ganho. O dinheiro que você está "comprando" terá de ser devolvido com lucro para quem lhe emprestou. Por isso, ter o valor em mãos lhe dará poder de negociação na hora da compra. Não aceite pagar à vista o mesmo preço a prazo. Negocie e, se não aceitarem, vá comprar em outro lugar.

Veja que o comércio caminha de acordo com o comportamento do consumidor. Se todo mundo aprender a comprar, não vamos ter tantos juros embutidos no futuro. Os riscos serão menores para os lojistas e, portanto, teremos mais chances de fazer melhores negócios, sem precisar pagar a conta dos outros. Isso é blindar a sua bolsa. Não deixe ninguém meter a mão nela!

Como negociar dívidas

Pode ser que você esteja se perguntando: "Por que eu não soube disso antes? Se tivessem me avisado, não estaria toda endividada...". É o que muitas blindetes comentam todos os dias no blog. O que sempre digo é que agora você tem a chance de mudar esse comportamento e, portanto, mudar o curso da sua vida financeira.

Você não sabia de nada disso, caiu na lábia da publicidade, deu um passo maior do que a perna e está com mais contas do que pode pagar. Céu cinzento, né? Mas quem disse que o tempo não pode mudar?

Tive uma professora excelente no Ensino Médio, a qual admirei desde o primeiro dia que entrou em sala de aula. No período da manhã, as aulas começavam às 7 horas em ponto. Para chegar no horário, eu acordava às 5h30, o que para mim sempre foi um sacrifício enorme. Não consigo dormir cedo, então, sempre que o relógio despertava, tinha a sensação de que acabara de deitar. Arrumar-me para ir ao colégio? Sem chance! Era vestir a primeira roupa que me aparecia pela frente, engolir o café e enfrentar dois ônibus que levavam quase uma hora para percorrer todo o trajeto. Chegando à escola, quase todo mundo tinha passado pelo mesmo que eu (as caras amassadas e os *looks* desleixados demonstravam isso). Até os professores chegavam com os cabelos em pé, ainda mais porque vários deles davam dois ou três turnos de aulas para ter um salário melhor.

Quando tivemos a notícia que nosso professor de Administração Financeira seria trocado pela professora mais famosa da escola — a qual conhecíamos só de nome — ficamos todas muito felizes. Digo "todas" porque em minha sala só havia mulheres. Éramos 39. Pode imaginar a situação? Sem a presença de meninos, a gente não estava nem aí para a aparência!

Eis que, às 7 horas da manhã, entra na nossa sala uma japonesa impecável, maquiada, bem-penteada, de saia e camisa perfeitamente passadas, meia fina e um sapato muito bonito de salto médio. Que vergonha! Parecíamos uma ralé de despenteadas e remelentas diante daquela mulher tão perfeita. Os cinquenta e cinco minutos de aula que faziam os outros professores correrem, atropelarem as matérias e deixarem metade das coisas como dever de casa (por falta de tempo) eram suficientes para nossa "japa" passar toda a matéria com clareza e eficiência. Olhei para trás e falei para minha amiga:

— Acho que essa aí é um robô. Ela chega mais cedo do que nós e vem toda arrumadinha... Deve dormir de pé no armário! E como consegue ter tanto controle de tudo?

— Perdeu alguma coisa aí atrás, Patricia? — perguntou a professora, que já havia memorizado meu nome.

— Não, senhora... — respondi, virando-me para frente.

Pensei: "Caramba, e ainda por cima tem olhos nas costas? Ela é ninja!" Mas na verdade, a professora Baba não era ninja, era apenas muito bem-organizada, controlada e focada no que tinha de fazer, ao passo que outros professores perdiam um tempão apenas com a chamada, mantendo conversas paralelas e deixando a bagunça correr solta. Foi mesmo uma grande oportunidade ter tido uma professora assim, ainda mais de Administração Financeira.

Foi dela que ouvi um dia: "Dinheiro serve para fazer dinheiro. Quem tira dinheiro da poupança para comprar comida vai acabar sem nada". Logo, uma das colegas de classe perguntou: "E se a pessoa não tem o que comer? Se ela tem uma poupança e não tem comida, então por que não tirar o dinheiro e matar a fome?" A resposta foi: "Porque a fome aparecerá de novo. Ela nunca terá fim, mas o dinheiro sim. O que essa pessoa faminta deveria fazer seria usar sua poupança para fazer mais dinheiro e, daí, comprar o que quiser. Isso é administração financeira. Se vocês não souberem disso, poderão até decorar as fórmulas e passar de ano, mas serão futuras endividadas".

Nunca mais me esqueci disso. Não podemos achar que o dinheiro é algo que nunca acaba, que amanhã "damos um jeito" e que trabalhamos para ter o que queremos e pronto. É claro que devemos desfrutar do retorno do nosso trabalho, mas devemos fazê-lo adquirindo bens e aumentando nosso patrimônio, e não contraindo dívidas e vendo o dinheiro ir embora em forma de juros famintos que parecem nunca estar saciados.

Se você tem dívidas diversas, precisa tomar algumas medidas para começar a se livrar delas. Por isso, além dessa dica de ouro de minha ex-professora, seguem aqui algumas opções que reuni por meio de pesquisas do que há disponível atualmente.

Organizando as dívidas

Primeiro, você precisa saber exatamente qual é o tamanho do seu débito. Junte todas as contas a pagar, separando primeiro as que estão vencidas, ou seja, as que você não conseguiu quitar até o vencimento e estão atrasadas. As contas que estão em dia, coloque em outra parte, e as contas básicas de consumo, como água e luz, separe em um terceiro lote.

Concentre-se primeiramente nas contas atrasadas. Verifique, uma a uma, qual taxa de juros é utilizada. Geralmente a do cartão de crédito e a do limite do cheque especial são as mais altas. Não é uma boa saída pagar outras contas com o cartão de crédito e nem com o limite. Se você fizer isso, estará pagando mais do que a própria conta, pois terá de arcar mais adiante com os juros altos que serão cobrados.

Sabendo quais são as dívidas mais caras, tenha como objetivo quitá-las primeiro. Some o total e veja se há condições de saldá-las. Vender alguma coisa para cobrir a dívida pode ser uma excelente saída, pois é melhor zerar esse débito antes que ele cresça. Você pode não querer vender seu Smartphone para quitar o cartão de crédito, mas se deixar a dívida rolar, em pouco tempo seu telefone estará obsoleto e você com uma dívida ainda maior e mais difícil de pagar.

Se você não tem o que vender, precisará readequar seu orçamento para poder quitar os débitos. Como fazer isso? Corte todos os excessos e verifique o que pode ser suspenso, ainda que temporariamente. Talvez você tenha de sair da academia, deixar de ir ao cinema e levar marmita para o trabalho, mas por mais que pareça muito chato, vai ser muito melhor passar por isso durante um período do que carregar essa dívida por mais tempo. Todo o dinheiro que possa ser empregado no pagamento da dívida deve ser usado para esse fim, mesmo que apareça a chance de comprar algo com o qual você sonhou a vida toda. Livre-se da dívida e amanhã você poderá ter o que quiser.

No entanto, se você perceber que, mesmo com toda a economia, não vai dar para quitar as dívidas caras, tenha outras opções em mente. Para isso, você vai precisar analisar as dívidas que estão em dia e suas contas básicas de consumo. Essas últimas devem ser saldadas para que você não perca o fornecimento dos serviços. Veja o quanto de seu orçamento elas tomam atualmente, e quanto sobraria para quitar as dívidas caras. Tenha esse valor em mente e tente alguma negociação com o banco.

Modalidades de empréstimos[2]

A ideia aqui é a de contrair uma dívida mais barata a fim de pagar a dívida cara. O empréstimo mais adequado para trocar uma dívida cara por uma barata depende

---

[2] Fonte: Assessoria de Imprensa da Caixa Econômica Federal (consultada em maio de 2014).

muito do perfil do cliente e da própria dívida. O empréstimo consignado é uma boa opção, por contar com taxas atrativas e ter o desconto direto em folha de pagamento. Porém, para ter acesso a essa linha de crédito, é necessário que a empresa em que você trabalha possua convênio de consignação. O funcionário também precisa estar trabalhando há pelo menos seis meses (além do período de experiência) em caso de funcionário registrado, e três meses de efetivo exercício no caso de estatutário.

Se a sua empresa tem esse convênio, você pode obter esse tipo de empréstimo que é uma ótima opção, ainda que seu nome esteja com restrição. Essa modalidade de empréstimo não exige que seu nome esteja limpo, pois o desconto será feito em folha de pagamento, sem riscos para a instituição financeira.

Outra opção é o crédito pessoal, porém o mais adequado seria fazer uma análise de sua situação para que, juntamente com o gerente do banco, seja escolhida a linha de crédito mais conveniente. Porém, nesse tipo de empréstimo, o seu nome tem de estar sem restrições nos serviços de proteção ao crédito.

Se conseguir um empréstimo mais barato, quite a dívida cara e foque-se em pagar essas parcelas em dia mantendo o pagamento das demais contas. Se possível, tenha uma renda extra que lhe ajude a sair dessa situação (quem sabe você até descobre um dom escondido?).

Não existe milagre: organize-se, corte o desperdício, diminua ou suprima serviços dispensáveis e pague as dívidas mais caras primeiro. E, claro: não compre mais nada nesse período. Quem leu o livro *Bolsa blindada* sabe que passei um ano da minha vida totalmente focada em pagar uma dívida enorme, causada pela perda de um negócio. Por isso, sei bem o que é ficar sem comprar uma agulha por mais de um ano. Ver todo mundo indo viajar, comprando coisas, usando roupas novas, frequentando restaurantes e se divertindo enquanto eu ficava em casa, sem nem mesmo ter uma TV a cabo para assistir, não foi nada divertido, mas foi necessário. Até o cabelo tive de lavar com sabonete quando o xampu acabou, mas, era melhor passar por isso do que ter gente batendo na minha porta e me chamando de caloteira. Então, amiga, força na peruca!

Portabilidade de crédito[3]

A portabilidade de crédito é a possibilidade de transferir a operação de crédito (empréstimo ou financiamento) de um banco para outro. Ou seja, você tem uma dívida no banco A, mas ele não está lhe oferecendo uma boa condição para pagamento, então você pesquisa opções nos bancos B, C ou D para ver se eles podem lhe oferecer melhores condições. Se o banco C lhe oferecer mais vantagens, você

---

[3] Fonte: Banco Central do Brasil (consultado em maio de 2014).

vai contrair um novo empréstimo e o banco C quitará a sua dívida no banco A. Fica sob sua responsabilidade pagar o novo empréstimo ao banco C, e estará desobrigada com o banco A. Essa modalidade não serve apenas para quem está com dívidas vencidas, mas para todas as pessoas que julgam que seu empréstimo está com juros muito altos e acreditam conseguir melhores taxas em outra instituição financeira.

O seu banco atual não pode se recusar a passar sua dívida para outro banco, por determinação do Banco Central. Portanto, se você acha que está pagando muito caro por um empréstimo ou financiamento que adquiriu, visite outros bancos ou pesquise nos sites para saber onde poderá encontrar melhores condições. Você tem esse direito. O que pode acontecer é que outros bancos se recusem a lhe dar crédito, pois não estão obrigados a isso; essa negociação será voluntária entre as partes.

O Banco Central também orienta que, antes de realizar a portabilidade, o cliente deve solicitar o valor do Custo Efetivo Total (CET) da nova operação, pois essa é a forma mais fácil de comparar os valores dos encargos e despesas cobrados pelos bancos. E, claro, você deve verificar se as condições do novo contrato são realmente vantajosas.

Outra boa dica é manter apenas uma conta pessoal no banco. Ao ter várias, você dificulta a administração e ainda tem de pagar taxas em todas. Além disso, ter limites de crédito em mais de uma conta pode fazer com que você se perca. Melhor facilitar.

Por mais que seja um sacrifício passar por esse processo de "vacas magras", posso dizer que vale a pena, e você ainda aprenderá muitas coisas. Vai perceber que nem tudo se resume a consumo, e que não precisa comprar coisas todo dia para viver. Poderá mudar o foco e notar tantas outras coisas bacanas para fazer além de consumir, consumir, consumir. Naquele ano, aprendi lições as quais acredito que precisaria de umas três faculdades para aprender. Pude ver quem eram realmente meus amigos (pouquíssimos, diga-se de passagem), pude me conhecer melhor ao ficar em casa analisando minha vida, estudei, li bastante e hoje posso passar algo de positivo para você. Preferi ir à luta e ter uma boa história para contar no futuro a ficar choramingando e me sentindo de mãos atadas pelas dívidas. Você tem essa chance hoje. Qual será a sua decisão?

Capítulo 5

Comprando bem, que mal tem?

Comprar bem tem seus segredos — supermercado

Durante o período de quitação de dívidas, as pessoas costumam apertar os cintos e ficar de olho em cada gasto que terão de fazer. Passado esse tempo, porém, muita gente volta aos velhos hábitos e, em consequência disso, encontram-se endividadas de novo. Elas até conseguem pagar suas dívidas, mas isso não significa que aprenderam a ser consumidoras conscientes. Por isso, você ouve nos noticiários que o número de pessoas com nome sujo diminui, mas logo em seguida volta a crescer. Para sair desse ciclo vicioso é imperativo que as pessoas saibam que não basta ganhar, é preciso saber como gastar.

Já vimos que economia não é deixar de consumir, mas de saber fazer a melhor escolha. Saber gastar é tão importante quanto saber ganhar dinheiro. Isso porque nossas necessidades são ilimitadas, mas o dinheiro é limitado, lembra-se? Temos de colocar as necessidades dentro de nossas condições, caso contrário, viveremos cheias de dívidas. Neste capítulo, separei algumas dicas que podem ajudá-la não só a economizar durante um período, mas a fazê-la adquirir bons hábitos de compra e a manter a economia sempre. Anote aí!

Há economistas que apontam a distribuição das despesas desta forma:

30% — moradia
25% — alimentação
12% — saúde e higiene pessoal
15% — transportes
8% — educação e cultura
5% — lazer
5% — gastos diversos

Considerando essa distribuição, podemos imaginar que mais de 30% do orçamento é gasto no supermercado, somando-se as despesas com alimentação e higiene pessoal (já que o item saúde refere-se ao que seria gasto na farmácia). Com base nisso, vemos que é muito importante estarmos atentas às compras no supermercado, pois elas levam boa parte do nosso dinheiro. Não pense que é só deixar de fazer compras com fome; isso ajuda, mas não é tudo. O mercado está preparado para atacá-la com armas muito mais poderosas. Guarde mais esta frase:

> O supermercado é um campo de guerra fortemente armado para tentar furar a blindagem de sua bolsa.

As grandes redes varejistas têm muito, muito dinheiro mesmo para contratar profissionais altamente capacitados para nos levar a gastar mais do que necessitamos. Todo ambiente do supermercado está preparado para fazer você e eu acabarmos com a blindagem de nossa bolsa. Desde a música e a disposição dos produtos nas gôndolas até os termos que estampam as ofertas. Acredita que até vi uma oferta que dizia "Baixou, blindou"? Hoje em dia, ir ao supermercado é quase como fazer um passeio. Tudo lindo, bem arrumado, aquela musiquinha de fundo, carrinhos grandes, pequenos, com dois andares e até tecnológicos.

Tem para todos os gostos. Escolha o seu e divirta-se! Você começa o seu "passeio" e logo aparecem os congelados. Mas como você vai pegar os congelados logo de cara, se ainda tem de percorrer todo o mercado em busca de tudo o que precisa? Vai derreter! Então você já sabe que terá de voltar lá no final de toda a compra. Essa segunda voltinha vai lhe render a escolha de mais algumas coisinhas que você não havia notado na primeira vez que passou por ali.

A disposição dos produtos é feita de maneira que você precise caminhar pela loja inteira, ainda que tenha de comprar nada mais que cinco itens básicos. Quanto mais você anda, mais coisas vê e mais tentada será a comprar. Há economistas que dizem que não dá para vencer as estratégias dos supermercados, pois eles trabalham dia e noite para nos fazer gastar. E pior: nos fazer gastar enquanto pensamos estar economizando. Mesmo com toda desvantagem que temos como meras mortais, somos blindetes e não vamos entregar os pontos (nem a grana!). Vamos lutar até o fim para manter nossa blindagem intacta. Por isso, separei algumas dicas que podem ajudá-la nessa batalha sangrenta.

Saiba os preços dos produtos

Se você souber realmente quanto custa o creme dental de sua família, saberá se aquela promoção leve 3, pague 2 é verdadeira ou não. Já vi muitas vezes promoções de mentira e só detectei a enrolação porque já sabia o preço normal do produto.

Não vá sem uma lista de compras

Se você não tem o hábito de fazer uma lista de compras, baixe as listas exclusivas no conteúdo extra em meu blog. A lista relaciona os produtos por categorias, e você pode imprimi-la toda ou apenas as partes que desejar. Você poderá marcar um X no item que deverá ser comprado e também a quantidade. Há ainda um espaço para anotar os preços, assim você poderá levar a lista deste mês na próxima compra e compará-los.

Consulte a despensa e a geladeira

Antes de fazer a lista confira se realmente não existe mais daquele produto em casa. Eu, por exemplo, passei uma época viajando na maionese. Não sei porque cargas d'água sempre achava que a maionese tinha acabado e comprava uma cada vez que ia ao mercado. Ao arrumar o armário, achei cinco embalagens fechadas, sendo que uma já estava vencida e outra prestes a vencer. Além disso, ainda havia mais uma na geladeira. Que viagem!

Leve uma calculadora

Não pense que ir acompanhando o cálculo dos produtos é coisa para quem está com o dinheiro contado. Isso é bobagem! Você vai precisar da calculadora para comparar preço e tamanho, e também para saber em quanto sua compra está. Já fiz isso uma vez e, ao passar no caixa, a conta na máquina registradora era maior do que a de minha calculadora. Fiz passar tudo de novo, e o registro dos preços na máquina, em vários itens, era maior que o valor da gôndola. Demorou, mas pedi para passar tudo de novo, de olho na registradora e paguei o preço certo pela minha compra.

Vá com tempo

Há economistas que aconselham ficar no supermercado o menor tempo possível. Eu, no entanto, não concordo com isso. Entrar e sair correndo só porque você pode ser tentada por mais tempo não é se educar financeiramente. Prefiro ir com tempo, pois, de outro modo, não há como fazer uma boa compra, comparando produtos, anotando preços, procurando opções, conferindo datas de validade e analisando preços e tamanhos, entre outras coisas. Esse último item merece um destaque.

Analise preço e tamanho

Não se baseie pelo formato das embalagens; confira o peso do produto no rótulo. Há muitas indústrias que fazem embalagens grandes, mas o produto, que é bom mesmo, não preenche nem a metade! Um produto que custa R$ 4,90 e pesa 250 gramas não é mais caro do que o mesmo produto, de outra marca, que custa R$ 4,20 e pesa 180 gramas. Fique atenta!

Não compre o que não precisa

Mesmo que aquela promoção pareça o melhor negócio do mundo, comprar o que não precisa sempre vai deixar sua conta mais alta. Então, evite.

Atenção com material de higiene pessoal

Assim como você deve olhar a despensa e a geladeira, observe se você realmente não tem os produtos que está pensando em comprar. Prefira ter apenas uma unidade de cada item, para que não fiquem velhos. Com relação à maquiagem (que cada vez mais está ganhando espaço nos mercados), procure também ter apenas a quantidade que vai usar. Ter dez batons com as cores do inverno vai fazer você encostar todos eles durante o verão. Ao chegar novamente o inverno, além de as cores da moda provavelmente serem outras, seus batons estarão velhos e, em alguns casos, costumam apresentar até mal cheiro.

Atenção redobrada com material de limpeza

Se é você quem limpa a sua casa, já deve ter notado que o tira-gordura da marca A não limpa muito mais do que o da marca B. E que nem A e nem B limpam mais do que o detergente comum. Então, não se deixe levar pela propaganda que mostra uma mancha enorme de gordura seca no fogão sair apenas com um paninho passado com aquela "mão mole". Prefira opções mais baratas, pois no fim das contas, tudo se resume a sabão!

Fique de olho na quantidade

Segundo pesquisas mundiais, desperdiçamos 30% dos alimentos que compramos. Isso mostra que estamos comprando demais. Se você não fica muito em casa, prefira fazer a compra de legumes, frutas e verduras semanalmente. Dá um pouco mais de trabalho, mas, além de ter produtos sempre fresquinhos, você evita comprar uma quantidade grande que, quase sempre, será jogada fora.

Se a "esmola" for muito grande, desconfie

Quando alguns produtos aparecem com preços muito baixos você já deve ligar o que eu chamo de "Radar aí tem!" Não é cabível que um produto de R$ 10 esteja milagrosamente diante de seus olhos por R$ 1. Dar 90% de desconto é uma coisa virtualmente impossível. Muitas vezes são produtos avariados — que não podem ser trocados depois por estarem em liquidação — ou alimentos que estão por vencer.

Institua a lei do presente

Depois que você já estiver bem familiarizada com sua compra e souber quanto gasta por mês, decrete a lei do presente! Essa lei é bem simples e você vai gostar: se você gasta todo mês R$ 320, por exemplo, mas conseguir baixar o valor para R$ 300, economizando R$ 20, poderá comprar um presente para si mesma (ou para alguém) no valor de R$ 20. Creio que será um incentivo e tanto para você se tornar uma busca-descontos!

Princípio de Pareto — seu guarda-roupa nunca mais será o mesmo!

Sabe aquelas aulas em que o professor explicou uma matéria ou conceito e você pensou que era uma baita perda de tempo, pois jamais iria utilizar aquilo em sua vida? Pois bem, creio que se você aprendeu o Princípio de Pareto (ou Lei de Pareto), pensou exatamente isso. No caso do nosso amiguinho Pareto, todavia, o aprendizado será um investimento que você poderá aplicar a vários aspectos de sua vida.

O Princípio de Pareto, também chamado de Princípio 80-20, afirma que, em diversos aspectos **80% das consequências provêm de 20% das causas**. Essa pequena afirmação pode parecer mesmo inútil, mas, na verdade, é uma informação riquíssima e pode mudar sua visão sobre várias coisas. A melhor maneira para que você entenda conceitos teóricos é aplicá-los na prática. Então, vamos aplicar a Lei do nosso amigo no seu guarda-roupa.

Segundo Pareto, em 80% do tempo você usa apenas 20% das suas roupas. Trocando em miúdos: quase todo dia você usa as mesmas peças, com poucas variações, apesar de ter muito mais roupas abarrotando o seu armário. Já estou quase ouvindo você dizer: "Uau, é mesmo!" Viu como não era uma perda de tempo? E o que você pode concluir com isso? Vou dar algumas dicas para analisarmos melhor esse fenômeno.

Você usa poucas roupas na maior parte do tempo porque:

- As demais peças não combinam entre si.
- A maioria de suas roupas não é prática para o seu dia a dia.
- Seu guarda-roupa não está organizado de forma a facilitar encontrar o que precisa, e você não tem tempo de ficar procurando.
- Seu peso e suas formas mudaram e há muita coisa que não serve mais.
- Você tem peças que não estão mais na moda, e está na cara que são de estações passadas.
- Seu estilo mudou.

- Seu trabalho não permite usar a maioria das roupas que você tem.
- Você tem medo de errar, então opta sempre pelo básico.

As justificativas podem ser muitas e creio que você poderia elaborar uma lista ainda maior. Mas, empregar esse princípio no seu guarda-roupa se deve ao fato de que muito de seu gasto tem a ver com a compra de roupas, calçados e acessórios. Entretanto, na maioria das vezes, essa despesa não é bem aproveitada. Para nós, mulheres, esse quesito é de extrema importância, pois sabemos que nossa aparência fala por nós mesmo antes de abrirmos a boca.

Como você viu anteriormente, os economistas nem relacionam uma porcentagem para esse gasto na distribuição de despesas do brasileiro. Como geralmente são homens, não compreendem que nós, mulheres, somos capazes de gastar metade de nosso ganho nesses itens. Colocar apenas "5% para gastos diversos" não resolve o problema de gastar demais e usar de menos, não é verdade?

Por isso, separamos a próxima parte do livro para dar dicas práticas de como você pode empregar melhor seu dinheiro quando o assunto é comprar roupas, calçados e acessórios. O objetivo é que você minimize aquele momento terrível em que abre as portas de um armário lotado e solta a célebre frase: "Não tenho nada para vestir!".

Conhecendo seu estilo

Para começar, vamos fazer um exercício muito bacana para que você tenha em mente o que precisa ter, de fato, em seu guarda-roupa. Os homens são capazes de usar a mesma calça, camisa e calçado para irem à padaria, encontrar os amigos, trabalhar, assistir a um jogo. Às vezes, querem ir vestidos da mesma forma até a um casamento! Quando conheci o guarda-roupa de meu marido, não pude acreditar que ele tinha uma porção de roupas, pois parecia que ele estava sempre com as mesmas: calça jeans (denim ou *black*) da mesma marca e modelo, e uma camiseta de malha tradicional (branca ou preta). Como ele é fotógrafo, a cor de sua roupa não pode influenciar na cor do produto que está fotografando, por isso, está sempre com a roupa mais neutra possível. Aprendi isso levando uma chuva de calças jeans na cabeça. Eu explico! Quando comentei que ele usava sempre as mesmas roupas, ele abriu o armário e jogou 18 calças jeans em cima de mim, dizendo: "Não são as mesmas, só são iguais!" Ele só parou de arremessar as calças quando eu consegui sair debaixo dos escombros e gritei: "Tá bom, já entendi! Nunca mais repito isso!"

Para nós, mulheres, a roupa está estreitamente ligada ao lugar que vamos. Quando meu marido me convida para jantar, muitas vezes, ele não entende que preciso saber **onde** vamos jantar para saber o que vestir. Mas sei que você me entende! Então, o primeiro exercício consiste em levantar os locais que você mais frequenta para que esteja focada em ter peças apropriadas para esses locais. Se o seu guarda-roupa não estiver adequado às suas necessidades, você vai mesmo ficar com ele cheio e sem ter o que vestir. Nossa meta é que isso não aconteça mais.

Exercício 1 — Aonde você vai?

No quadro a seguir, anote os lugares que você frequenta durante a semana, de manhã, à tarde e à noite (se preferir, baixe o arquivo em meu blog).

De posse dessa informação, faça um cruzamento dos locais que frequenta com o que possui no guarda-roupa. Você pode ter notado que tem um monte de calças jeans, mas que não pode usá-las no trabalho, pois o ambiente exige roupas sociais. Está lotada de sapatilhas e rasteirinhas, quando necessita de sapatos de salto médio e alto. Só tem roupas de calor, mas frequenta ambientes com ar-condicionado em temperaturas bem baixas e vive incomodada. Enfim, as conclusões podem ser muitas, mas creio que com esse exercício você talvez já tenha notado se está comprando mais do que deveria comprar menos, e menos do que deveria comprar mais.

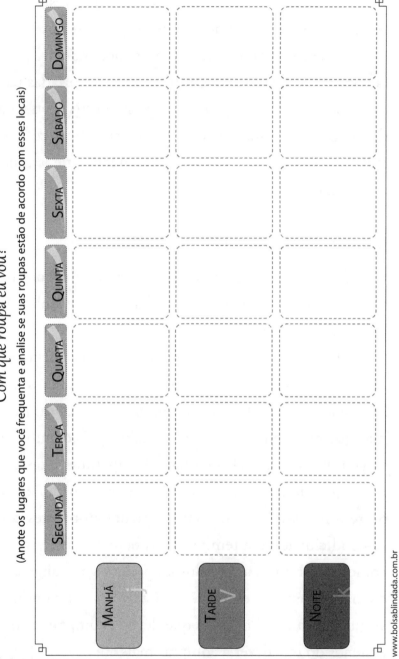

Exercício 2 — Qual é o seu estilo?

Muitas mulheres tremem diante dessa pergunta por acharem que não sabem qual é seu estilo, mas com certeza você possui um (ou vários). Para ajudá-la nessa tarefa, veja a seguir uma rápida descrição de oito estilos (dos vários que existem) para que você veja o que mais se adequa à sua realidade. Ainda que você já saiba qual é seu estilo (ou quais são os seus estilos), esse exercício será bem bacana para que você conheça outros e misture peças diversas. Tenha em mente que não há nada de errado em ter mais de um estilo. Tudo vai depender de seu momento, necessidades e da própria moda, que está em constante evolução.

Estilo casual/esportivo

É o estilo mais apropriado para as mulheres que buscam conforto em primeiro lugar. As principais peças são: calça jeans, camiseta, camisa polo, vestido solto. Preferem se aquecer com blusa de algodão, tricô, jaqueta jeans e casaco mais reto, sem muitos detalhes, e em cores mais básicas. Nos pés, preferem sapatos baixos, sapatilhas e, sempre que possível, tênis. Gostam de botas sem salto, do tipo montaria ou de sola de borracha. Não gostam muito de brilho, saias, sapatos altos nem de muitos acessórios ou bijuterias. Sua maquiagem é bem leve, do tipo que só cobre imperfeições e deixa um ar bem natural, como se não estivessem usando nada. As bolsas geralmente são de tamanho médio a grande, e bem práticas, sem muitos detalhes e em cores que combinam com tudo. São mulheres práticas e básicas que não gostam de perder tempo na hora de se vestir. Não se trata de um estilo desleixado, mas despojado e despretensioso. Lembre-se: conforto não tem nada a ver com andar largada!

Você é uma pessoa casual/esportiva?
( ) Sim, na maior parte do tempo.
( ) Sim, mas somente aos finais de semana.
( ) Talvez. Tenho peças desse estilo, mas não posso usar em meu dia a dia.
( ) Não. Até tenho esse tipo de peça, mas gosto de incrementar mais os looks.
( ) Não sou desse estilo.

Estilo *rocker*

Esse é o estilo das mulheres que gostam muito de tecidos mais pesados, como o couro, tanto para jaquetas quanto para calças e saias. Gostam de camisetas de banda, maquiagem mais pesada nos olhos (uma sombra mais marcada, um olho preto esfumado), jeans com mais personalidade, com lavagens mais marcantes, lixados e até rasgados. Adoram peças com tachas e *spikes*, e bijuterias mais pesadas como correntes grossas, anéis grandes com pedras escuras e cheios de detalhes, pulseiras grossas e braceletes de couro com tachas. Preferem calçados pesados e escuros, como botas de solado grosso, com detalhes que podem ser tachas, *spikes* e fivelas. Gostam de brilho e de ter um toque feminino em peças que geralmente são usadas no guarda-roupa masculino. As bolsas são de médias a grandes, em couro e cores escuras. Tudo nesse estilo é cheio de personalidade, mas com o cuidado de não perder a feminilidade e nem parecer uma adolescente roqueira que se nega a crescer. Nem todos os ambientes de trabalho permitem esse estilo dos pés à cabeça, mas ele está presente em peças até mesmo clássicas, como blazers com *spikes*, sapatos de saltos mais grossos e tachas, e até carteiras (*clutches*) de festa com ar mais pesado. É preciso ter cautela com esse estilo, pois, apesar de ter peças muito variadas e que podem ser misturadas a outros estilos, vestir-se assim de alto a baixo vai passar uma imagem rebelde. Se essa não é sua intenção, o melhor é variar para não passar a mensagem errada.

Você é uma pessoa *rocker*?
( ) Sim, na maior parte do tempo.
( ) Sim, mas somente aos finais de semana.
( ) Talvez. Tenho peças nesse estilo, mas não posso usar em meu dia a dia.

( ) Não. Até tenho esse tipo de peça, mas a misturo a outros estilos, pois não gosto de chamar muita atenção.
( ) Não sou desse estilo.

Estilo boêmio

O nome não é muito conhecido, mas certamente você tem peças nesse estilo, também conhecido como *boho*. É para mulheres que gostam de misturar peças do tipo *hippie-chic*, *vintage*, *folk*, *country*, cigano. Seria um tipo orgânico, natural, que transmite a mensagem de liberdade ao se vestir. As cores puxam mais para tons terrosos, verdes e tudo o que remeta à natureza. As estampas são bem diversas, mas seguindo a linha tribal, *tie-dye* (com manchas), geométrica e floral. Os tecidos preferidos são algodão, malha, linho, lã e outros que sejam cômodos e confortáveis. Por ser bem feminino, as roupas nesse estilo incluem bastante renda, no todo ou em detalhes. As peças são: vestidos soltos, batas, túnicas, jeans, lenços (para serem usados como echarpe e também na cabeça), cachecóis, chapéus. Os acessórios são feitos de madeira, bambu, coco, capim dourado, pedrarias e outros materiais naturais. Um detalhe tipicamente boêmio e que está infiltrado em peças de outros estilos é a franja, tanto em bolsas como em blusas, cachecóis e até calçados. Nos pés, as de estilo boêmio adoram usar rasteirinhas, sandálias confortáveis como as de salto anabela, as gladiadoras e também botas de saltos baixos e em estilo *country*.

> **Você é uma pessoa boêmia?**
> ( ) Sim, na maior parte do tempo.
> ( ) Sim, mas somente aos finais de semana.
> ( ) Talvez. Tenho peças nesse estilo, mas não posso usar em meu dia a dia.
> ( ) Não. Até tenho esse tipo de peça, mas a misturo a outros estilos.
> ( ) Não sou desse estilo.

Estilo *preppy*

Esse também não é um nome muito conhecido, mas você deve ter alguma coisa *preppy* aí no seu armário. É um estilo que remete aos uniformes escolares tradicionais e às roupas de golfe. Seria uma modernização do estilo clássico ou uma junção deste com o casual, um casual mais "arrumadinho". Por serem geralmente peças "surrupiadas" do vestuário masculino, elas sempre contêm um detalhe que lhes dá um ar de feminilidade. O *preppy* é reconhecido pelas saias estilo escocês, blazers com brasão, camisas de botão e polo (sempre usadas por dentro), calças tradicionais de corte reto, como jeans tradicional bem sequinho, calças com bolso faca em sarja ou outros tecidos lisos, sempre em cores mais escuras como azul *navy*. As estampas são o xadrez, as listras — verticais e horizontais — muito azul-marinho, branco e vermelho, além de outras cores sólidas. Os calçados são mais alinhados e de salto baixo, derivados dos masculinos, como mocassim, oxford, Mary Jane (estilo boneca) e também sapatilhas. Os acessórios ajudam a deixar os looks mais femininos, pois usam-se bastantes laços: no cabelo, no pescoço, em tiaras, na lapela dos blazers e até nos calçados. As saias são usadas com meias-calças opacas que podem ter detalhes em xadrez ou laços. A maquiagem é leve e sem cores fortes, porém, as cores dos batons podem ser mais densas, como um vermelho fosco.

Você é uma pessoa *preppy*?
( ) Sim, na maior parte do tempo.
( ) Sim, mas somente aos finais de semana.
( ) Talvez. Tenho peças nesse estilo, mas o estou deixando de lado, pois não o acho adequado à minha idade.
( ) Não. Até tenho esse tipo de peça, mas a misturo a outros estilos.
( ) Não sou desse estilo.

Estilo clássico

Esse é bem conhecido e fácil de ser identificado. É o mais aceito em ambientes profissionais, pois dá um ar mais sério e confiável à mulher. Como o nome diz, é um estilo atemporal e não sai de moda. As peças não seguem as tendências de moda e devem ser de maior qualidade. Vale a pena investir mais dinheiro nelas, pois serão usadas por muito tempo. São elas: calças de alfaiataria, blazers, *tailleurs* e camisas, tudo em corte reto, *clean* e bem tradicionais. Os tecidos são nobres e as cores mais básicas e neutras (preto, branco, marinho, marrom, *nude*) sem detalhes. Quando há estampas, elas se limitam à risca-de-giz e a alguns tipos de xadrez miudinhos ou *tweed*. O caimento das peças deve ser perfeito, por isso, muitas delas têm de ser ajustadas na costureira ou feitas sob medida. Os calçados também são bem tradicionais, como os *scarpins* (sempre em saltos médio ou alto) e as cores permanecem neutras. Também usam-se sapatilhas e mocassins, e o que varia são os materiais, que podem ser couro fosco, com brilho e até verniz. Os acessórios também se mantêm tradicionais: pérolas, colares e brincos menos vistosos, anéis com cara de joia, relógios com poucos detalhes e em modelos que não seguem tendências. A clássica gosta de manter combinações do tipo: bolsa, cinto e sapato na mesma cor ou tom e em modelos mais perenes. Apesar de a maquiagem ser mais neutra (e apropriada para o ambiente de trabalho), a clássica pode se maquiar de forma mais elaborada, do tipo que demonstra mais cuidado, e as cores podem ser claras durante o dia, e mais escuras ao entardecer e à noite. Você já percebeu que o *preppy* tem muito do clássico, com a diferença que o clássico é mais sério, mais com cara de "mulher de negócios", e o *preppy* é mais jovial, às vezes até meio "menininha".

É preciso cuidado com esse estilo, pois a mulher pode passar um ar antiquado, e ficar com aparência de pessoa mais velha. Portanto, não é o mais indicado para ser usado da cabeça aos pés por mulheres abaixo dos 30 anos. Caso o ambiente de trabalho peça esse estilo e você é uma mulher mais jovem, o ideal é modernizá-lo misturando a ele peças mais ousadas, em cores mais fortes e que transmitam jovialidade.

Você é uma pessoa clássica?
( ) Sim, na maior parte do tempo.
( ) Sim, mas somente nos dias de semana, pois é requerido em meu local de trabalho.
( ) Talvez. Tenho peças nesse estilo, mas prefiro ser mais moderna.
( ) Não. Até tenho esse tipo de peça, mas a misturo a outros estilos.
( ) Não sou desse estilo.

Estilo *ladylike*

O nome pode não soar familiar, mas o estilo certamente é. Se fôssemos traduzir, seria algo como "vestir-se como uma dama". É muito feminino e elegante, e lembra as peças usadas nos anos 50 e 60, como os vestidos e saias de cintura marcada — tanto mais retas como mais rodadas —, com o comprimento na altura dos joelhos (bem no centro) ou mídi (um pouquinho mais abaixo). O estilo também pede blazers acinturados, e combina vestidos e saias com cardigãs retos, marcando a cintura com um cinto fino. As blusas têm detalhes em renda, transparências e babados, e as calças podem ser do tipo pantalonas (mais larguinhas) ou mais ajustadas (compridas ou capri). Os vestidos, além dos retos e rodados, também podem ser *pepluns* (retos, mas com um babado que começa na cintura e termina logo acima dos quadris). As estampas são florais, geométricas, *pois* (ou poás), laços e outras bem femininas. Os acessórios são pequenos, delicados e discretos, sempre bem femininos. A maquiagem é leve e neutra, puxando para os tons de rosa. Os calçados têm salto e bico arredondados, lisos ou com laços e detalhes bem femininos. As sapatilhas também são muito bem-vindas. É mais indicado para mulheres jovens e é preciso que as mais maduras tomem cuidado para não parecerem menininhas.

Você é uma pessoa *ladylike*?
( ) Sim, na maior parte do tempo.
( ) Sim, mas somente nos finais de semana, pois requer mais produção, e não tenho tempo durante a semana.

( ) Talvez. Tenho peças nesse estilo, mas as misturo a outros estilos.

( ) Não. Até tenho esse tipo de peça, mas acho feminino demais.

( ) Não sou desse estilo.

Estilo minimalista

Diferentemente de alguns outros, esse estilo já se define pelo nome. É o que levanta a bandeira do "menos é mais". Lembra o clássico, mas é mais básico. Esse estilo pede monocromia, o que significa vestir-se de uma só cor dos pés à cabeça ou, no máximo, no mesmo tom. Também se vê o *color block* (blocos de cores) no estilo minimalista, mas em vez de ter duas cores fortes, geralmente uma delas é neutra, por exemplo: em vez de usar uma saia laranja com uma camisa roxa, a saia é laranja, mas a camisa é branca ou *nude*. As peças são estruturadas e em cortes retos, sem detalhes, como calças de alfaiataria, *skinny*, blazers, vestidos retos, saia lápis — tudo sem brilho, nem detalhes. Os acessórios são pouquíssimos e discretos, nada de maxicolares, brincos grandes, nem pulseiras, e não se usa nada em quantidade. Até mesmo as bolsas não são exageradas, sempre retas e sem detalhes. A maquiagem tem um ar de quem não se maquiou, apenas corrigindo imperfeições e dando neutralidade à pele. Nas sombras e batons não há brilho. O estilo não se baseia nas tendências de moda e permanece sempre fiel às suas formas, cores e tons, sem mudanças, a despeito da época do ano.

Você é uma pessoa minimalista?
( ) Sim, na maior parte do tempo.
( ) Sim, não tenho tempo de me arrumar e tenho medo de errar. Por isso me mantenho vestida quase sempre do mesmo jeito. Porém, gostaria de variar um pouco mais para não parecer que só tenho meia dúzia de peças no armário.
( ) Talvez. Tenho peças nesse estilo, mas as misturo a outras para não ficar sem graça.
( ) Não. Tenho de passar personalidade nos looks e acho esse estilo sem "alma".
( ) Não sou desse estilo.

Estilo romântico

Esse, com certeza, você conhece bem e nem precisaria de tantas explicações, não é? Ao contrário do clássico e do minimalista, as roupas em estilo romântico não são nada estruturadas: são mais soltas, orgânicas e cheias de detalhes. Laços, rendas, apliques, pérolas, pedrarias, flores, babados; enfim, tudo com um ar mais "antiguinho", mais *vintage*, mas sempre muito feminino e delicado.

As peças são vestidos soltinhos, saias, boleros, calças e jaquetinhas que sempre tragam detalhes bem femininos. O "exagero" de delicadeza desse estilo só é percebido de cara quando a pessoa monta um look romântico dos pés à cabeça, mas o bacana é poder misturar peças desse estilo tão feminino a outro totalmente oposto, como o *rocker*, por exemplo. Você pode estar com um vestido de renda, com a cintura marcada e até com um detalhe de laço, mas pode jogar uma jaqueta de couro para "quebrar" um pouco da delicadeza do vestido, ao mesmo tempo que ameniza a "rebeldia" da jaqueta, promovendo, assim, harmonia no look. As cores se mantêm em tons pastéis de rosa, azuis, verdes, beges, tudo bem alegre, evitando tons mais escuros e pesados. Os calçados são também leves e com detalhes: sandálias com pedrarias, sapatilhas, *espadrilles* (sandálias ou sapatilhas com a lateral ou o salto revestido de corda, com tiras ou laços para amarrar no tornozelo ou trançar na perna). A maquiagem segue o ar natural, mas pode ter cores mais fortes e vibrantes, além de brilho nos olhos e lábios (mas não nos dois ao mesmo tempo!). Os acessórios, apesar de delicados, podem ser usados em quantidade: anéis em todos os dedos ou um dedo cheio de anéis, muitas pulseiras e braceletes, correntinhas diversas com gargantilhas etc. Só tome cuidado para não ficar muito "árvore de Natal"!

Você é uma pessoa romântica?
( ) Sim, na maior parte do tempo.
( ) Sim, mas só aos finais de semana, pois tenho de trabalhar com roupas mais sociais.
( ) Talvez. Tenho peças nesse estilo, mas as misturo a outros para não ficar parecendo uma menina.
( ) Não. Gosto de roupas com personalidade mais marcante, que passem uma imagem mais forte.
( ) Não sou desse estilo.

Avaliação

Você viu que os estilos se fundem e se mesclam e, às vezes, a gente fica até na dúvida se uma determinada peça é minimalista ou casual, se é clássica ou *preppy*. O importante não é que você saiba classificar as peças dentro desses estilos (até porque há outros), mas que saiba que pode montar mais variações de looks dentro dos estilos que mais se adequam à sua personalidade e necessidade. Você pode ter notado que adora o estilo romântico, mas tem de trabalhar de segunda à sexta-feira com roupas clássicas. Então, deverá investir mais em roupas clássicas — que serão mais usadas — do que em peças românticas, que só poderão ser usadas nos finais de semana. A ideia de conhecer mais estilos é fazer o melhor uso das roupas que você já tem, e usar essas informações para as próximas compras.

Se você vai à academia três vezes por semana, por exemplo, mas tem um único agasalho e poucas camisetas, vai sentir falta desse tipo de roupa. Se você tem bebê de colo, já sabe que não dá para sair com um vestido mais curto, pois vai ter de se abaixar várias vezes, então sentirá a necessidade de ter roupas que não limitem seus movimentos. Enfim, em vez de ficar de olho nas vitrines apenas para ver as novidades, saiba procurar aquilo de que você necessita. Assim, não comprará um monte de peças que ficarão entulhando o armário.

Outro forte aliado são os acessórios, pois eles são capazes de mudar não só um look, mas o estilo todo. Se você tem uma calça de sarja e uma jaqueta jeans bem casuais, pode usá-las com acessórios de madeira e bambu, dando um ar mais boêmio e menos básico à composição.

Quando for comprar roupas, procure manter-se dentro do estilo, ou estilos, com o qual mais se identifica, evitando comprar peças que serão pouco — ou quase nunca — usadas. Não arrisque em peças que você não sabe como combinar ou que vão passar uma mensagem errada a seu respeito. Se você foi promovida a um cargo de chefia, não vai pegar bem se aparecer no trabalho com uma camiseta de banda ou um vestido que lhe dê um ar de menininha. Pense que sua roupa deve passar a mensagem de quem você é, e não uma visão equivocada de sua personalidade.

Uma leitora, certa vez, escreveu-me contando que é advogada e que havia estudado muito para chegar aonde está. Ela é muito competente no que faz, mas reclamava que não conseguia transmitir essa competência aos clientes. Ela se descrevia como uma pessoa prática e direta, como uma advogada deve ser, e que não queria ter a preocupação de levantar de manhã e se maquiar. Ela gostava de sair de cara lavada e com os cabelos ainda molhados, para deixá-los secar ao natural. Para ela, essa imagem mostraria aos demais que ela estava focada no trabalho e não em parecer uma modelo. Ela achava que suas concorrentes eram fúteis ao ficar se "embonecando" diante do espelho, quando deveriam estar debruçadas sobre os processos dos clientes. Só que a estratégia não estava funcionando. As roupas simples demais (jeans e camisa) e os sapatos de saltos médios ou sapatilhas não transmitiam um ar de confiabilidade para os clientes. Ela parecia uma assistente qualquer, quando vista ao lado de outras advogadas, sempre de *tailleur*, *scarpin* e bem maquiadas. Ela não era inferior, mas **parecia ser**. Por mais que você ache isso uma bobagem, crendo que o que vale é o interior, pense: *as pessoas não veem o seu interior, mas o exterior*. Por isso, você deve ter a preocupação de externar — por meio da sua aparência — quem você é por dentro. Além do que, quando você se arruma, já se sente mais segura, mais bonita e, portanto, mais confiante.

Isso não requer um investimento de milhares de reais, até porque você já deve ter se dado conta de que em seu armário há centenas de reais investidos em roupas que quase nunca — ou nunca — foram usadas. A questão é direcionar seu dinheiro para a compra certa, e fazer com que os 20% das roupas que você tem usado em 80% do tempo sejam ampliados para um uso muito maior.

Outra coisa de extrema importância é conhecer — e respeitar — o formato de seu corpo. Nem tudo o que se vê nas passarelas ou que está na moda se ajusta a todas as mulheres. As baixinhas como eu não devem, por exemplo, usar calças muito largas com cintos na altura do quadril, pois isso achata a silhueta e vai fazer com que a gente pareça ainda mais baixa, e com as pernas supercurtas. Para as que têm pernas curtas e a batata da perna mais grossa não fica nada bem as *ankle boots* (botas curtinhas, até o tornozelo), pois elas "encurtam" as pernas ainda mais. E por aí vai. Sabendo qual é o formato de seu corpo e quais peças valorizam os pontos fortes e disfarçam os pontos fracos, você vai aprimorar ainda mais seu conhecimento sobre o tipo de roupa que pode usar e abusar, e quais não devem entrar no seu armário. Não é preciso mudar o corpo para entrar nas roupas que sei-lá-quem disse serem as ideais. São as roupas que têm de se adequar a você. E sem essa de "corpo perfeito", "forma ideal" ou alguma outra bobagem do tipo. O corpo perfeito é aquele que é saudável, não aquele que faz você morrer de fome para ter a "barriga negativa" que dizem estar na moda. E afinal de contas, o que é barriga negativa? Eu não quero nada negativo para mim, quero tudo positivo!

Como já comentei, meu marido é fotógrafo e posso afirmar que boa parte das imagens femininas que se veem por aí não são reais. Elas são criadas no computador modificando — e muito — a imagem de mulheres que já seriam lindas ao natural. Hoje em dia, porém, não basta ser linda, tem de ter as pernas superlongas e, diga-se de passagem, desproporcionais da Barbie, um monte de apliques para triplicar a quantidade de cabelo, lábios mais grossos, pescoço mais longo, barriga de tábua (como se mulher não tivesse curvas) e quadril "zerado". Enfim, muitas das imagens que você vê em propagandas ou estampando as capas das revistas são irreais. São um Frankenstein, montadas em programas de edição de fotos. Não se iluda. Valorize o que você é e não se deixe levar pelo que os outros dizem.

Exercício 3 — Quer ser sua própria estilista?

Separe um tempo para analisar seu guarda-roupa. Se for preciso, tire tudo de dentro e avalie peça por peça. Tente montar vários looks dentro dos estilos que mais se adaptam a você, e não esqueça os acessório. "Desenterre" aquele monte de traquitanas que você comprou e não usa porque acabam ficando escondidas dentro de caixas que você nunca abre. Experimente os looks, brinque com os estilos, fotografe as composições com seu celular e divirta-se. Depois, é só ver as fotos que fez para se lembrar dos looks — o que facilita bastante na hora de se arrumar. É muito importante que você tenha um espelho de corpo inteiro, pois é preciso analisar o look por completo. Se tiver outro espelho de mão para se ver de costas, sem ficar fazendo um número de contorcionismo em casa, será ainda melhor.

Se você encontrou alguma peça que não sabe como usar, que tal consultar o amigo Google? Digamos que você tenha uma calça xadrez que não sabe como harmonizar. Digite "calça xadrez feminina" no Google e vá em Imagens. Aparecerão muitas combinações para você se inspirar. Mas, cuidado, vai aparecer de tudo! Então saiba como filtrar essas informações e montar suas opções.

Se você percebeu que tem uma porção de peças que não servem mais, que não vai usar ou das quais não gosta mais, veja se é possível promover um "Brechó Blindado" e levante um dinheirinho para comprar novas peças. Pode ser uma forma de desentulhar o guarda-roupa e abastecê-lo com algumas coisinhas novas sem ter de colocar a mão na bolsa.

Indo às compras, lembre-se das dicas e não caia na conversa das vendedoras. Use seu bom senso e seja sua própria estilista. Para isso, só falta mais um passo básico: identificar o formato de seu corpo.

Conhecendo o formato de seu corpo

Sabe aquela roupa que você viu sua amiga vestindo e achou um arraso, mas quando provou, ficou simplesmente arrasada? Pois é, acontece! A questão é que seu tipo de corpo deve ser diferente do dela e, como todas nós somos únicas, nem tudo que fica bem em uma irá ficar bem em todas. É preciso conhecer e respeitar o formato de seu corpo para, então, escolher o tipo de roupa que melhor se adapta a você e seu estilo.

Para saber qual é o seu tipo de corpo, vá para a frente do espelho, dispa-se e observe a si mesma. Além do "olhômetro", verifique também as medidas. É muito simples, basta ter uma fita métrica. Anote cada uma delas abaixo:

MEDIDAS HORIZONTAIS

Elas ajudarão a saber qual tipo de corpo você tem: ampulheta, retângulo, triângulo, triângulo invertido ou oval.

- Busto: _____ cm (meça passando a fita ao redor da parte maior de seu busto).
- Cintura:_____cm (meça passando a fita ao redor da parte mais estreita do tronco).
- Quadris: _____cm (meça passando a fita ao redor da parte mais larga das nádegas).

Ampulheta

Descrição: ombros e quadris na mesma linha, curvas suaves, seios médios.

Pontos fortes: proporção harmoniosa e cintura fina.

Para valorizar: use roupas que acentuem a cintura e mantenham o formato do corpo.

Dica: compre calças e saias que se ajustem bem aos quadris, ainda que a cintura fique larga (uma boa costureira pode acertar a cintura). Prefira casacos com cintos para valorizar a cintura.

Aposte em: vestidos tipo envelope, marcando a cintura.

Acessório fiel: cinto. Finos ou largos, use-os sempre para marcar a cintura.

Fuja de: casacos retos que desvalorizem suas formas. Calças muito amplas vão fazê-la parecer maior. Calças muito afuniladas vão destacar demais os quadris.

Retângulo

Descrição: ombros, quadris e cintura praticamente na mesma linha, com poucas curvas. A silhueta geralmente é magra e com pernas finas.

Ponto forte: forma longilínea.

Para valorizar: aposte em peças bem femininas e variadas para criar a impressão de curvas e volume.

Dica: abuse de peças como blusas com babados, calças com bolsos volumosos, e sempre valorize a região do colo com decotes V.

Aposte em: saias evasê, para aumentar a região do quadril e criar a sensação de uma cintura fina.

Acessório fiel: colar. Pode ser maxicolar, colares longos, curtinhos ou ainda vários modelos misturados. Esse recurso vai chamar a atenção para seu rosto.

Fuja de: gola alta, estampas retas, calça de cintura alta.

TRIÂNGULO

Descrição: ombros estreitos e quadris mais largos. Cintura fina e seios de pequenos a médios.

Pontos fortes: torso e braços.

Para valorizar: use roupas que equilibrem o tamanho dos ombros e dos quadris e chamem mais a atenção para o torso.

Dica: abuse das blusas mais volumosas, com babados, recortes e cores fortes. Procure uma boa costureira, pois certamente você precisará de ajustes em saias e

calças. Compre essas peças sempre medindo pelo quadril, nunca pela cintura, e prefira as mais escuras.

Aposte em: blusas de mangas curtas e regatas para destacar a parte mais fina dos braços. Prefira calças e saias retas.

Acessório fiel: lenços no pescoço. Eles chamam a atenção para a parte de cima do corpo e valorizam ombros e braços.

Fuja de: qualquer peça volumosa na parte de baixo do corpo, cinto nos quadris e calças ou saias justas.

Triângulo invertido

Descrição: ombros largos e quadris mais estreitos. Tende a ter uma barriguinha, pernas longas e finas.

Pontos fortes: pernas geralmente bem torneadas.

Para valorizar: use roupas que suavizem o torso e deem a impressão de ombros mais estreitos.

Dica: abuse das calças mais chamativas, com detalhes, recortes e comprimentos variados. Na parte de cima, prefira blusas soltinhas

de tecidos finos e moles, com decotes estreitos. Destaque as pernas com saias, vestidos e bermudas.

Aposte em: blusas com detalhes nos punhos para dar mais volume na altura dos quadris, calças com bolso faca, saias e bermudas estampadas.

Acessório fiel: bolsa a tiracolo. São as do tipo carteiro, que aliviarão os ombros e levarão mais volume aos quadris.

Fuja de: peças que deem volume ao torso, calças e saias justas, *leggings* e listras horizontais.

Oval

Descrição: curvilíneo com a região da barriga na mesma linha dos quadris e ombros ou mais saliente. Geralmente acima do peso indicado para a altura. Pescoço curto e largo.

Pontos fortes: pernas.

Para valorizar: use roupas que afinem a silhueta e marquem a cintura.

Dica: escolha peças que disfarcem a barriga, como blazers e casacos retos abertos, blusas de listras verticais e túnicas. Prefira os decotes V para deixar o colo à mostra, o que alonga. Opte por saias e vestidos que valorizem as pernas.

Aposte em: vestidos monocromáticos em tons mais escuros e na altura dos joelhos.

Acessório fiel: scarpin. Deixar o peito do pé à mostra vai dar a sensação de pernas mais longas.

Fuja de: brilhos, golas altas, blusas apertadas, casacos fechados, babados e qualquer volume na parte de cima do corpo ou que diminua a parte de baixo, como botas de cano curtinho (*ankle boots*).

Agora que você já conhece seu estilo, seu tipo de corpo e as peças que a valorizam, foque-se nisso e não ligue se a moda tenta impor o que não lhe convém. Valorize seu dinheiro e sua imagem, pois quando você chega a qualquer lugar, é ela que fala antes mesmo de você abrir a boca. E como sua imagem falará de você: bem ou mal?

Parte 3

Realizando sonhos

Capítulo 6

Como iniciar ou aumentar seu patrimônio

Quais são seus sonhos?

O sonho da maioria dos brasileiros não é o mesmo de antigamente. No passado, era fácil saber qual o maior desejo das pessoas: a casa própria. Hoje, porém, queremos muito mais. Em geral, o brasileiro quer trabalhar para ter uma casa, um carro, pagar seus estudos e poder viajar. Particularmente, considero as quatro opções como investimentos, pois não vejo as despesas com viagens como simples gastos. Uma viagem tem o poder de abrir nossa mente e nos fazer vislumbrar um novo horizonte. Apesar de experiências nada agradáveis, que infelizmente podem acontecer, sempre podemos aprender alguma coisa.

O primeiro país que visitei foi a Grécia. Na verdade, eu estava indo para Israel, lugar que sempre quis que fosse meu primeiro destino internacional. Sonhava em conhecer a Terra Santa e poder ver de pertinho os locais descritos em meu livro preferido, a Bíblia. Mas antes de ver a terrinha, tive de passar por Atenas, o que eu achei o máximo, já que nunca saíra do Brasil.

Porém, quando o avião pousou, soubemos que antes de fazer a conexão para Tel Aviv (em Israel), teríamos de passar pela imigração em Atenas. Também fomos informados de que os gregos estavam desconfiados do "voo dos brasileiros". Com quase zero grau de temperatura, tive de ir juntamente com um grupo de passageiros para uma área a céu aberto e reconhecer, dentre cinco bilhões de malas (tá bom... eram só umas centenas!), quais eram as minhas. Detalhe: era noite e não havia luz naquela área. Tateando, tropeçando e percorrendo todo o espaço, localizei minhas duas malas. Tive de abri-las ali mesmo, no chão, e tirar tudo que havia dentro para um agente conferir coisa por coisa com uma lanterna. Como eu levava uma bagagem comum, autorizaram-me a fechar as duas malas, mas tive de carregá-las para dentro do aeroporto.

Uma vez lá dentro, a situação melhorou, pois, além de aquecimento, havia luz. Quer dizer, melhorou em parte, pois assim que entrei em uma loja do aeroporto para comprar comida, fui colocada para fora — com mais alguns brasileiros —, sob a alegação de que estávamos tentando roubá-los. O grupo que estava comigo não falava inglês e não entendia o que os gregos estavam nos dizendo. Preferi não traduzir e só falei: "Eles estão fechando, vamos a outro lugar". Mas que nada! Loja por loja, vimos as portas se cerrando diante de nós como se fôssemos uma quadrilha prestes a fazer um arrastão. Nesse dia, descobri pessoalmente que brasileiro tem uma fama muito ruim lá fora e foi muito chato sentir isso na pele. Sabe quem são os maiores culpados pela nossa má imagem lá fora? Nós mesmos! Aquele brasileiro que mal vê um estrangeiro e já começa a falar mal do Brasil. O brasileiro que vende a imagem de ser o malandro que só gosta de samba, praia, futebol e carnaval. E, por falar em carnaval, é graças à imagem de mulheres praticamente nuas dançando nas avenidas que nós, mulheres brasileiras, somos vistas por muitos no exterior como um pedaço de carne. Muito triste, mas valeu o aprendizado. O resto da viagem foi sensacional e, além de praticar outros idiomas, pude aprender muito, tanto no aspecto histórico e cultural como no espiritual.

Depois dessa, fiquei viciada em viagens e não passo muito tempo longe de um avião!

Conto essa história nesta parte intitulada *Quais são seus sonhos?*, pois, no capítulo anterior, estudamos como melhorar nossa imagem pessoal, e creio que também devemos sonhar em ter uma melhor imagem como nação. Pode parecer muito difícil, mas se cada um fizer a sua parte, acredito que podemos mudar. É o tal negócio: se cada um varrer a sua calçada, a rua inteira ficará limpa. Então, vamos limpar a nossa barra, quer dizer, a nossa imagem e mostrar um perfil mais adequado ao que realmente somos: uma nação que está buscando conhecer, crescer e se desenvolver.

Quanto a você, se deseja começar seu patrimônio ou aumentá-lo, daremos a seguir algumas dicas que poderão ajudá-la. É claro que o momento de crescimento deve acontecer quando você estiver sem dívidas, com todos os seus compromissos em dia e com uma folguinha no orçamento que lhe permita adquirir aquilo que quer. O importante é não perder seus sonhos de vista e não deixar o tempo vencê-la. Ainda sobre a questão do tempo, você precisa aprender a usá-lo a seu favor e não contra. Uma forma é estabelecer prazos para concretizar seus sonhos, pois isso a manterá focada e motivada. Porém, é preciso estabelecer prazos possíveis à sua realidade. Enquanto a cabeça está nas nuvens, sonhando, os pés devem estar bem firmes no chão. Estabelecer **quando** é importante até para que você defina **como** vai conquistar o que deseja. Vamos começar pela compra de veículos.

Compra de veículos — consórcio e financiamento

Consórcio
Quando optar?

Vamos imaginar uma pessoa que deseja comprar um carro e tem o seguinte perfil:

- Não tem o valor do carro para comprar à vista;
- Não dispõe de nenhum valor para a entrada;
- Não consegue guardar dinheiro. Sempre que junta um pouquinho, vai lá e gasta;
- Não precisa do carro imediatamente.

Com base nesse perfil, uma boa opção seria comprar uma cota de consórcio em alguma instituição idônea ou banco de confiança. Cada instituição tem suas regras, mas vou passar algumas informações gerais para que você conheça um pouco mais dessa modalidade e veja se é a mais adequada para a sua necessidade.[4]

---
[4] Fonte: Caixa Econômica Federal — Consórcio Auto Caixa.

Em nosso exemplo, há dois pontos que quero destacar em um primeiro momento: nossa personagem não tem dinheiro para a entrada e não consegue guardar. Lembra o *slogan* daquele biscoito? "É fresquinho porque vende mais ou vende mais porque é fresquinho?" Aqui, o *slogan* seria: "Não compra nunca porque não tem entrada ou não tem entrada porque não compra nunca?" Para mim, a resposta é: ora, compre de uma vez!

Como funciona?

Trata-se de uma compra planejada na qual você poderá adquirir um veículo novo ou seminovo com poucos anos de uso. No momento da contratação, você paga por uma carta de crédito cujo valor é baseado em um veículo de referência. O pagamento da carta é feito em parcelas mensais, que têm valor e quantidade definidos na hora da contratação. Quanto menor o prazo, maior será a parcela e vice-versa. A cada mês, você concorre ao sorteio da carta ou poderá dar um lance, como num leilão. Se você for sorteada, receberá a carta de crédito para comprar o carro (seguindo as regras pré-determinadas pela entidade), e continuará pagando a mensalidade normalmente. Se receber algum dinheiro, pode dar um lance — se for o lance vencedor, você obtém a liberação da carta. Se não for contemplada por sorteio ou lance, continuará pagando as parcelas e, ao final do prazo, receberá o valor para a compra do veículo.

Vantagens

- Não é preciso dar entrada.
- Não há cobrança de juros, apenas da taxa de administração, que varia de instituição para instituição. É preciso pesquisar e buscar a menor possível.
- Se você for contemplada, mas não quiser comprar o veículo, 180 dias após sua contemplação você poderá receber o valor da carta em dinheiro, bastando quitar o saldo devedor. A diferença será sua.
- Como a carta corresponde a "dinheiro à vista", você terá maior poder de negociação na hora da compra.
- A carta de crédito é corrigida de acordo com os ajustes feitos no preço do veículo de referência. Por isso, você mantém o mesmo poder de compra mediante um pequeno reajuste feito automaticamente na mensalidade.

Desvantagens

- O veículo não é entregue na hora da contratação, como em um financiamento.
- Se você quiser desistir do negócio sem ter sido contemplada, receberá o valor pago (e corrigido) apenas no encerramento do grupo.

Por ser uma modalidade de compra planejada, o consórcio também é uma ótima opção para quem quer trocar de carro. Particularmente, sempre tenho uma cota de consórcio, e meu marido, outra. Pagamos parcelas pequenas por mês e não temos pressa em sermos contemplados. Dessa forma, não precisamos nos apertar cada vez que trocamos de carro.

Se você quer planejar a troca do seu carro sem cair nos juros dos financiamentos, vá até uma instituição financeira de sua confiança e saiba mais a respeito dessa modalidade de negócio.

Financiamento
Quando optar?

Veículos são bens que, como se diz por aí, começam a perder valor assim que são tirados da loja. Por isso, do ponto de vista financeiro, não é uma boa financiar veículos, pois você estará pagando juros por um bem que, ao término do pagamento, valerá menos do que você pagou. Porém, há momentos em que devemos decidir se queremos apenas olhar a questão financeira ou se vamos considerar as vantagens de ter um carro. Se você trabalha longe, perde horas dentro de diversas conduções, tem criança e passa por todo incômodo de depender de transporte de terceiros, deve pesar tudo na balança. Além do que, há pessoas que precisam ter um carro ou moto para desempenhar certas funções que lhe trarão renda e, por isso, não podem esperar para fazer uma compra programada. Nesses casos, você deve considerar os prós e os contras e tomar a sua decisão.

Como funciona?

O financiamento é um empréstimo que você contrai dando o próprio bem (no caso, o carro) como garantia. Ou seja, se você não pagar as parcelas, o bem lhe será tomado. Os prazos e as taxas variam bastante de instituição para instituição, e é possível financiar veículos novos ou seminovos. Em qualquer caso, a documentação do veículo (novo ou usado) deve ser enviada ao banco para análise — especialmente no caso de seminovos, os bancos geralmente não financiam veículos com dívidas, como IPVA e multas. Após a análise, o financiamento pode ser aprovado ou não.

Após o crédito ser liberado e a análise do veículo ser positiva, quase todas as instituições exigem que seja feita uma apólice de seguro do veículo. Por isso, é importante levar todas essas despesas em conta para não ter surpresas na hora de retirar o carro da loja.

Há instituições que financiam até 100% do valor do bem, mas saiba que a tendência é de que, quanto maior o valor financiado, maior a taxa de juros. O prazo de financiamento também altera a taxa: quanto maior o prazo, maior ela será.

Existem algumas modalidades diferentes, que variam de uma instituição para a outra; então, o mais indicado é que você veja primeiro as condições do seu banco atual, pois já possui um relacionamento com ele. Porém, não deixe de verificar em outros bancos para analisar o melhor negócio.

Vantagens

- Você recebe o veículo na efetivação do contrato.
- A taxa de juros pré-fixada mantém fixo o valor das parcelas.
- Em caso de antecipação de pagamento, o valor dos juros deve ser reduzido.

Desvantagens

- Cobrança de juros.
- Cobrança de IOF (Imposto sobre Operações Financeiras) no ato da contratação.
- O veículo fica alienado ao banco até o término das parcelas do financiamento.

Quem não avança, retrocede — investindo nos estudos

Quando minha mãe era solteira, todas as garotas daquele tempo tinham como objetivo estudar taquigrafia para ter mais chances de conseguir um bom emprego. Se você tem menos de 30 anos, provavelmente não sabe nem o que é isso. Na época em que minha irmã estava no colégio, a taquigrafia já estava obsoleta e todo mundo tinha de procurar fazer um curso de datilografia; caso contrário, não iria conseguir um emprego em escritório. Bom, datilografia você sabe o que é, né? Por favor... Não estamos tão velhas assim! Já quando eu estava no Ensino Médio, o curso de datilografia estava inserido como matéria, mas houve uma transição: mal começamos a estudar naquelas máquinas gigantes e barulhentas e apareceram os computadores. Uau! Tínhamos computadores na escola! Tudo bem que era uma máquina para cada dez alunos, mas já foi um começo. Hoje em dia é difícil conhecer alguém que não use computador ou que não possua pelo menos um em casa. Assim, trabalhar com computador deixou de ser requisito para conseguir emprego e passou a ser necessidade. Isso nos mostra o quanto tudo evolui e como precisamos estar em constante aprendizado — estou falando de coisas que aconteceram em um período de apenas cinquenta anos. E o que são cinquenta anos na História? Nada! Passam voando.

Atualmente a demanda de aprendizado é maior do que no passado, pois com o aumento da tecnologia, temos de saber muito mais a respeito de tudo que nos cerca. Antigamente, não era preciso nenhum conhecimento para usar um telefone. Era tirar do gancho para atender, recolocar no gancho para desligar. Discar ou teclar os números para fazer uma ligação. Pronto, só isso. Hoje temos smartphones cheios de recursos e, assim que aprendemos a usar uma pequena porcentagem de tudo o que eles oferecem, um novo modelo, com ainda mais recursos, já está sendo lançado. O tempo não para e tudo está em constante movimento; por isso, ficar parado no tempo é algo impossível. Isso porque nada fica parado no tempo. Quanto mais avançamos, mais deixamos as coisas antigas para trás. A questão crucial é que:

Quem não avança, retrocede.

Quanto menos você se preparar para o hoje, mais longe você estará do amanhã. E não importa o quanto você possa estar atrasada, comece já. O tempo que protelar é o tempo que irá perder. Quando toco nesse tipo de assunto no blog, muitas pessoas ficam tristes por verem que estão atrasadas e, em vez de reagirem, acabam perdendo ainda mais tempo se lamentando. A razão que me faz continuar batendo nessa tecla é que a maioria, felizmente, acorda. Então, amiga, seja a pessoa que vai receber essa palavra como quem toma uma vitamina, e não como quem bebe um veneno. Uma mesma palavra pode ter efeito totalmente contrário de pessoa para pessoa, então, seja essa pessoa que vê o lado positivo e que se fortalece com os trancos que a vida dá, em vez de se lamentar porque levou um chacoalhão!

Costumo ver TV com o iPad no colo, acompanhando o movimento em meu blog. Respondo às mensagens, leio os comentários, dou uma olhada na *fanpage* do Facebook (www.facebook.com/BolsaBlindada) e por aí vai. Em uma dessas noites, quando eu já ia desligando o *tablet*, entrou uma mensagem em minha página pessoal e fui ver se era algo urgente. Tratava-se de uma mocinha que eu não conhecia, mas que pediu para ser adicionada, por ser leitora do livro e querer manter contato comigo. Como era alguém que tinha muitas amigas em comum comigo, aceitei e logo ela me mandou uma mensagem. Nela, estava escrito exatamente assim: *"Patricia, vc pode está me indicando como estagiaria. Estou cursando jornalismo primeiro semestre"*.

A mensagem tinha nada mais que 13 palavras, mas o suficiente para me mostrar que ela, apesar de estar na faculdade, não escrevia bem. Eram quase 23 horas e confesso que eu ia deixar para responder no dia seguinte, pois me tira do sério ver alguém que escreve mal fazendo um curso superior no qual escrever bem é fundamental. Você pode pensar que estou exagerando, por se tratar de uma comunicação informal, via Facebook, e que não exigiria uma escrita correta. Minha resposta para isso é: se você sabe escrever direito, por que escreveria errado? Só por que não tem a "obrigação" de escrever certo? Além do que, se está pedindo a minha indicação para um trabalho, não seria melhor fazer isso com um texto que me impressionasse? Não seria hora de caprichar um pouquinho? Por isso, já pude concluir que ela não escrevia nada bem. Aceito abreviações, pois isso agiliza a conversa nas redes, mas disso a achar que pode escrever tudo sem pontuação e sem acento, não dá. Nesse caso, tive de concluir que era uma pergunta e não uma afirmação, o que poderia ter comprometido a comunicação se fosse outro caso.

A questão é que comecei a pensar que poderia valer a pena investir na conversa com a garota, pois há muitos problemas no sistema educacional brasileiro, e ela poderia ser uma vítima dele. Acessei a página de novo e perguntei se eu poderia lhe dar uma dica, ao que ela me respondeu: "com certeza". Com essa abertura, escrevi o seguinte: "Ok. Vc precisa se empenhar muito na maneira como se comunica, pois essa é a base do jornalismo. Por exemplo: vc não deve usar o que chamamos de 'gerundismo'. Vc sabe o que significa?".

Ela deu algumas respostas, mas nenhuma estava correta. Expliquei que usar o "estar me indicando" não era correto, que era um vício de linguagem. Ela entendeu rapidamente. Vi que era uma moça inteligente e me pareceu que ninguém havia dito isso a ela antes. Depois comentei que havia mais um erro na frase e se ela sabia qual era. A resposta: "Acho que nela toda rs". Então forcei mais um pouquinho e pedi que ela dissesse o achava que poderia estar errado e ela respondeu: "Vc pode está". Ai, que alegria quando a gente vê a pessoa raciocinando, tirando suas conclusões, aprendendo! Vi que tinha valido mesmo a pena parar de assistir a *The Big Bang Theory* para teclar com ela. Ela acabou confessando que, praticamente, nunca havia tido aula de português. Segundo ela, em todos os anos de Ensino Fundamental e Médio, os professores apenas liam os livros didáticos para os alunos e praticamente não ensinavam nada. Como o aluno não repete mais de ano, muitos não têm interesse em estudar e, por outro lado, alguns professores também não se importam em preparar boas aulas. Claro que isso não reflete o comportamento dos professores em geral, muito pelo contrário. Geralmente o professor quer exercer a sua profissão — que é, na verdade, uma missão —, mas não existem condições para isso. E cabe um parêntese aqui: aos professores de hoje recaiu a função não apenas de ensinar, mas de educar. Muitas crianças não sabem o mínimo, e daí sobra para o professor uma responsabilidade imensa que nem sequer é dele. Sem falar nos que são até agredidos em sala de aula, uma grande vergonha para o ensino no Brasil. Estudei a vida toda em instituições públicas, pois minha família mal tinha condições de comprar o material necessário e o uniforme, que dirá pagar mensalidade! Mas eram outros tempos. A coisa hoje está pior do que nunca... Professores desvalorizados, alunos sem interesse, pais ocupados demais para se preocuparem com isso. Professores desmotivados, alunos desvalorizados e pais que não sabem o que fazer para mudar isso. Onde vamos parar?

Bom, voltando à questão da minha amiga de Facebook, comentei com ela que, se eu estivesse em seu lugar, não seguiria com a faculdade, mas aproveitaria o valor da mensalidade para fazer primeiro um curso particular de português, pois, sem isso, ela não seria uma boa comunicadora. Claro que ela levou um baque, e disse que isso seria uma vergonha para a família, pois era a primeira que tinha a oportunidade de cursar uma faculdade. Todos os parentes estavam orgulhosos dela por ter conseguido esse feito. Mas, na verdade, a situação era um castelo sendo construído sobre a areia. Continuando a conversa, soube que fazia apenas dois meses que ela estava na faculdade e já não conseguia acompanhar quase nada. Ela também falou que não entendia o que os professores diziam e achava que, mais adiante, talvez passasse a entender. Porém, sendo bem realista: se ela não estava acompanhando logo no comecinho, como iria se sair mais para frente? Ela não sabia nem o significado da palavra "comunicador", sendo que ela estudava para ser uma comunicadora...

Com o sistema de educação nessa situação, o governo só tem tapado o sol com a peneira. Sai distribuindo bolsas de Ensino Superior sem ter dado o fundamental. Tudo para inglês ver. É muito bonito apresentar no exterior as lindas estatísticas que apontam que "X% dos brasileiros estão nas faculdades", "X% das famílias que nunca tiveram acesso ao Ensino Superior agora estão podendo ingressar nele" etc. Falam sobre quem está entrando na faculdade, mas o que não dizem é como as pessoas estão **saindo** dela. É claro que não estou generalizando nem dizendo que as pessoas não deveriam ter acesso — é claro que deveriam. Quisera eu ganhar uma bolsa de qualquer coisa que fosse! Mas, não adianta abrir as portas se lá dentro não tem conteúdo. É preciso muito mais do que isso para que a gente possa realmente começar a comemorar o crescimento do ensino neste país. Infelizmente, isso não ocorreu apenas com uma estudante de jornalismo, mas acontece a muita gente. Certa vez, conversava com uma pessoa que dizia ter iniciado mestrado em Engenharia de Biocombustíveis e Petroquímica. Perguntei o que faz um engenheiro de biocombustíveis, pois fiquei bastante curiosa. A resposta? "Não sei, mas estando lá, vou saber". Triste, muito triste ver pessoas dispostas a investir tempo e dinheiro em coisas que nem sabem o que são. Só posso concluir que, para essa pessoa, o importante era acrescentar mais uma linha ao currículo: "mestre em...", seja lá o que isso signifique.

Então, querida amiga, tenha muito claro que estudar não é frequentar uma escola, faculdade, mestrado ou o que quer que seja. Diploma não irá lhe garantir nada nessa vida. Apenas o conhecimento irá sustentá-la. Não caia nessa onda do "diploma fácil"; esforce-se realmente, faça valer seu tempo e dinheiro. Sugue todo o possível do seu professor, ele está lá para isso, e se for realmente um bom mestre, vai gostar de ver seu interesse.

Analise o que é necessário em sua área e invista em conhecimento. Talvez nem seja uma faculdade, mas um curso livre ou uma palestra, ou ainda ter mais tempo para pesquisar, ler e conversar com pessoas interessantes. Enfim, aprenda de verdade. E se você tem o desejo de fazer uma faculdade, mas precisa de um fôlego para pagar, existe um programa de financiamento que pode ser uma ajuda.

Fundo de Financiamento Estudantil (FIES)

Criado em 1999, o FIES é um programa do Ministério da Educação para auxiliar estudantes do Ensino Superior a financiar parte ou o valor total do curso. Alunos que estejam fazendo curso de graduação presencial em faculdades particulares com avaliação positiva no Sistema Nacional de Avaliação da Educação Superior podem solicitar essa modalidade de financiamento.

Como todo empréstimo, o valor concedido deverá ser pago com juros, mas, se você não tem condições de arcar com o custo do curso que deseja, pode ser vantajoso. Além de começar a pagar somente dezoito meses depois do término do curso, você terá um prazo bem maior para ratear o valor, o que fará com que a prestação do empréstimo seja menor do que uma mensalidade na faculdade. Mas atenção: a prestação será menor, mas o prazo será maior, portanto, o total pago pelo empréstimo será mais alto do que se o curso tivesse sido pago à faculdade.

Basicamente funciona assim: você não pagará mensalidades durante o período do curso, mas terá de pagar, a cada três meses, o valor correspondente aos juros sobre o empréstimo. Depois de concluído o curso, existirá um período de carência de dezoito meses para começar a pagar as prestações. O prazo de parcelamento pode ser de até três vezes o período do curso financiado, mais um ano. Por exemplo: se o curso foi de quatro anos, poderá financiar em até treze anos (3x4 anos de curso + 1 = 13 anos para pagar). Como as regras podem mudar, o mais indicado é consultar os sites oficiais para saber como estarão as condições no momento em que desejar solicitar o empréstimo.

Viajar: um ótimo investimento

Você já sabe que eu sou suspeita para falar em viagens... Simplesmente amo! Ainda que seja apenas uma viagem de férias, sempre podemos aprender alguma coisa (e eu amo aprender coisas!). Como comentei, meu primeiro destino internacional foi Israel. Chegando lá fiquei encantada ao ver crianças de 10 anos falando inglês bem o suficiente para se comunicar com os turistas. É muito comum que os israelenses adultos saibam falar minimamente três idiomas, mas é bem fácil encontrar quem fale sete ou oito. A vendedora de uma loja de sapatos, quando soube que eu era brasileira, se desculpou imensamente por não ter ninguém que falasse português, mas disse que me atenderia em espanhol, pois sabia ser parecido. Quem ficou morrendo de vergonha fui eu que, apesar de viver em um lugar cercado de países que falam espanhol, mal conhecia o idioma, enquanto aquela vendedora, do outro lado do mundo, falava fluentemente. Que mico! Saí da loja revoltada, não com a vendedora, mas comigo mesma, e decidi que, chegando a São Paulo, iria aprender espanhol. E assim fiz.

Minha carga horária de trabalho, aliada à distância da minha casa até a empresa, não me davam condições de frequentar um curso. Aprender só aos finais de semana iria demorar muito e eu queria uma solução mais rápida. Foi aí que vi a propaganda de um jornal que estava dando um curso de espanhol em CD-ROM (nossa, que velharia!). Bastava comprar o jornal de domingo e, com mais uns reais, eu receberia um CD. Foram doze fascículos e eu não perdi nenhum. Meu objetivo era aprender, em uma semana, tudo o que aquele CD trazia de conteúdo, pois na semana seguinte, teria um novo, e eu já tinha de estar craque no anterior. Passava horas na frente do computador, estudando e repetindo a pronúncia das palavras e frases. Você pode imaginar que um "curso de jornal" não é a melhor forma de aprender um idioma, mas quer saber? Funcionou! Em questão de três meses eu entendia tudo o que se passava na *CNN en Español* e já estava comprando livros em espanhol para aperfeiçoar a escrita. Esse pequeno investimento me garantiu um trabalho de seis anos em uma empresa de Buenos Aires, Argentina.

Eu trabalhava em uma emissora de TV quando fui a Israel. Tinha um bom salário e minha renda extra com as vendas, só que, num belo dia, tudo desmoronou. De uma hora para outra, a programação da emissora mudou e eu não tinha mais emprego. Logo depois da minha saída, recebi a ligação de um cliente da TV, oferecendo-me emprego. Era um argentino que, quando apareceu, ninguém em meu departamento pôde atender porque não falava espanhol. Como eu tinha feito meu "curso de jornal", vi ali a oportunidade de, no mínimo, praticar o idioma. Comecei a atendê-lo para ajudar o vendedor de publicidade, meu colega de sala. Sempre que o cliente vinha ao Brasil, nos reuníamos para discutir sobre a publicidade no programa de TV. Toda a comissão das vendas de comerciais que fiz eram pagas à pessoa que oficialmente o atendia. Nunca entrou um centavo em meu bolso, embora eu fizesse 100% do trabalho, e não faltaram pessoas para me aconselhar a parar de trabalhar de graça. Para mim, porém, isso não era problema: eu estava aprendendo. Minha comunicação melhorava a cada reunião, e eu nem precisava pagar por isso!

Foi porque abri meus olhos em uma viagem que permaneci seis anos trabalhando nessa empresa argentina. Foi um período muito interessante e que deixou saudade, tudo pela ampliação da minha visão.

Quando você viaja, é como se a sua mente ficasse maior. Você sai de sua zona de conforto e logo se abre para o novo. Isso faz toda a diferença! Portanto, invista em viajar. Passar seu período de férias em casa só porque resolveu trocar o guarda-roupa com o dinheiro do abono não vai mudar a sua vida. Programe-se, estude sobre os destinos que mais lhe interessam, conheça um pouco do idioma e da cultura local e vá em frente. Pesquise preços de pacotes, e você vai ver que não é nada do outro mundo. Você pode se programar e ir se preparando financeiramente também. Há boas agências de turismo que podem oferecer visitas em grupos e com guias, caso você não queira se aventurar sozinha. Enfim, estou quase falando: *não deixe de viajar na primeira oportunidade que encontrar!* Eu me empolgo com esse assunto!

Como esse é um livro de economia, não posso deixar de mencionar os custos que uma viagem engloba. O transporte e a hospedagem podem ser facilmente pesquisados na internet, mas você precisa estar preparada para os gastos que terá lá, além de estar atenta a qualquer imprevisto que possa haver. Estando longe de casa, o melhor é ir bem prevenida. Vamos nos ater às dicas que envolvam seus direitos e finanças como viajante, para você manter a bolsa blindada mesmo que esteja do outro lado do planeta. Blindete é blindete até debaixo d'água!

Hospedagem barata pode sair caro

Antes de contratar a hospedagem, verifique se realmente a localização confere. Às vezes, o "estamos a poucos metros do centro da cidade" pode não ser bem isso. Use os recursos do Google Maps (maps.google.com.br) e do Street View (goo.gl/qM8mnn) para conferir. Se você ficar longe de tudo, o seu gasto com transporte pode sair mais caro que a economia com a tarifa do hotel.

Só para inglês ver

Apesar de poder ver as fotos dos locais de hospedagem, considere que, provavelmente, os proprietários irão colocar apenas as melhores imagens. Áreas carentes de manutenção não serão mostradas, e quartos barulhentos e malcheirosos não serão citados. Então, a dica é saber a opinião de quem já esteve lá. Consulte sites como o Tripadvisor (www.tripadvisor.com.br) e veja fotos muito mais realistas, feitas pelos próprios hóspedes, e o que eles têm a dizer de cada local.

Um dia tem 24 horas

Apesar de isso ser óbvio, para a maioria dos hotéis, o dia tem apenas 22 horas. O horário de entrada (*check-in*) é liberado às 14 horas, mas querem que os hóspedes deixem o hotel (*check-out*) ao meio-dia. O ideal é consultar o estabelecimento antes da contratação. Se o hotel cobrar a mais, o Idec (Instituto Brasileiro de Defesa do Consumidor) orienta que você pague a conta e, depois, recorra ao Procon ou à Justiça para receber em dobro o valor indevidamente cobrado (artigo 23, IV, da Lei Geral do Turismo). Lembre-se: isso só vale para estabelecimentos no Brasil.

Voo atrasado

As companhias aéreas têm o dever de informar atrasos e de dar assistência aos passageiros. Se o atraso passar de uma hora, você tem direito de solicitar comunicação com quem necessitar a cargo da companhia. Se passar de duas horas, tem direito a alimentação. Passando de quatro horas, pode optar por embarcar no próximo voo para seu destino (da mesma companhia aérea contratada ou de qualquer outra), ou poderá desistir da viagem e pedir seu dinheiro de volta. Se o voo sair só no dia seguinte, você terá direito a hospedagem por conta da empresa.[5]

---

[5] Resolução nº 141/2010 da Agência Nacional de Aviação Civil (Anac).

Voo cancelado

Você tem direito de viajar no próximo voo para seu destino ou de pedir de volta o dinheiro, com correção monetária.[6]

Ônibus atrasado

Se o atraso passar de uma hora, a Agência Nacional de Transportes Terrestres (ANTT) lhe dá o direito de desistir da viagem e pedir seu dinheiro de volta ou, se preferir, embarcar no próximo ônibus para seu destino.

> **Importante:** se o atraso ou cancelamento da viagem (aérea ou terrestre) ocasionar ao passageiro a perda de um compromisso importante, ele poderá recorrer à Justiça para pedir indenização.[7]

A bagagem sumiu

Não é a coisa mais comum do mundo, mas pode acontecer nas melhores viagens. Identificar as malas antes de sair é uma boa, mas não garante que alguma delas não seja extraviada. Por isso, não despache objetos de valor; prefira levá-los na bagagem de mão. Ao despachar a bagagem

---

[6] Fonte: Idec (Instituto Brasileiro de Defesa do Consumidor).
[7] Artigos 6º, VI, e 14 do Código de Defesa do Consumidor (CDC).

no aeroporto ou na rodoviária, a empresa de transporte é responsável por ela e terá de indenizar o passageiro em caso de extravio ou dano. Se o extravio se der na ida, a companhia aérea deverá cobrir despesas coma compra de itens essenciais (produtos de higiene e roupas), mas o passageiro precisará apresentar todos os comprovantes de gastos.

Gato por lebre

Não compre ingressos de passeios, jogos, shows etc. com cambistas ou em sites não oficiais, pois é grande a probabilidade de serem falsos.

De olhos bem abertos

Antes de contratar uma agência de viagem, guia, locadora de veículos e outros serviços no Brasil, pesquise se a empresa tem cadastro no Ministério do Turismo (www.cadastur.turismo.gov.br) e se possui registro de reclamações no Procon. Saiba que, ao contratar serviços por intermédio de uma agência de turismo, esta é responsável por resolver problemas que possam ocorrer na viagem.[8]

É importante também ter em mente outras dicas que ajudem a evitar ao máximo que você gaste além do que deveria. Para isso, é importante pesquisar muito sobre

---

[8] Artigo 18 do Código de Defesa do Consumidor (CDC).

seu destino, considerando qualquer tipo de viagem que vá fazer. Aqui seguem algumas dicas que podem lhe render uma boa economia de dinheiro e tempo.

Passeio ao ar livre

Leve na bagagem produtos como: repelente, protetor solar, chapéu ou boné. O preço desses itens no ponto turístico geralmente é mais alto.

Cuidados com a saúde

Leve de casa os remédios que esteja acostumada a tomar para dor de cabeça, febre, dor de estômago ou fígado, pomadas e produtos similares. Tomar um remédio desconhecido pode não ser uma boa, e você não vai querer ter despesas médicas durante a viagem, né? Outra dica é quanto à água. Prefira gastar comprando água mineral a arriscar tomar água de procedência desconhecida. Pode ser um gasto a mais, mas evitará problemas maiores, como hepatite e outras doenças de maior ou menor gravidade.

Comunicação

Veja com sua operadora de celular se é necessário solicitar algum serviço ou alteração em seu plano para evitar gastos maiores. No exterior, verifique se é uma boa opção comprar cartões de chamada, pois geralmente não são caros, e você deixa o celular para casos de emergência.

Não fique na mão

Antes de viajar é preciso avisar à operadora de cartão de crédito que você estará fora e para onde vai. Algumas operadoras não autorizam compras fora dos estabelecimentos de seu costume, a fim de evitar fraudes, então elas precisam saber se é você mesma quem está efetuando a compra. Evite passar pelo aperto de não poder usar o cartão em um local ou horário em que não seja possível obter ajuda do banco ou operadora de cartão.

Atente aos gastos

Em viagens internacionais, sempre queremos comprar novidades que não encontramos por aqui. Porém, o câmbio pode ser muito ingrato. Baixe em seu celular algum aplicativo que converta os valores de moedas em reais para saber quanto estará pagando. Eu uso o *Smart coin* (para iPhone) que é ótimo e gratuito. E lembre-se de que compras com cartão de crédito terão os valores convertidos para o dólar (em caso de outras moedas), e deste para o real, conforme o câmbio do dia de fechamento da fatura (que pode ser maior ou menor que o câmbio no dia da compra), além de terem incidência de IOF.

Traquitanas

Não deixe de levar carregadores (de celular, computador, tablet, câmera etc.), cadeados, pilhas e baterias e coisas do tipo. Descobrir que precisa de algum desses itens na hora que desfizer a mala pode ser, além de muito chato, uma despesa e tanto. Ter um adaptador de tomada universal também é ótimo, pois você vai conseguir ligar seus equipamentos em qualquer que seja a tomada.

Passeio seguro

Procure se informar de antemão se algum de seus passeios requer itens como lanternas, calçado impermeável ou roupas especiais, pois comprar na hora pode ser uma roubada. Porém, se for para um lugar muito frio e com neve, pode ser uma boa deixar para comprar roupas térmicas no local, pois aqui no Brasil elas são muito mais caras, difíceis de encontrar e em menor variedade. Nesse caso, prefira ir a lojas fora do circuito turístico. Veja também se existe a possibilidade de alugar os trajes: assim você gasta menos e não traz coisas que não irá usar mais.

Gorjetas

Há culturas em que não dar gorjetas é uma ofensa. Por isso, tenha sempre dinheiro trocado para não fazer feio!

KIT DE HIGIENE COMPLETO

Gosto de incluir em meu kit itens como cortador de unha, acetona e coisas que posso precisar e não vou querer parar para comprar. Também levo lenços umedecidos em embalagens pequenas para usar em sanitários, que podem não ter papel, e forros para assento sanitário (encontrados em farmácias). Já fui a lugares maravilhosos, mas que tinham banheiros horríveis.

LANCHINHOS

Quando for comprar, prefira ir a supermercados onde geralmente tudo é mais barato e a variedade é maior. Evite fazer essas comprinhas em pontos turísticos.

Agora só falta escolher o próximo destino e arrumar as malas!

Parte 4

Crescendo profissionalmente

Capítulo 7

O trabalhador é digno do seu salário

Todo funcionário merece seu salário?

Antes que você se antecipe e responda que sim, gostaria de lhe propor uma reflexão sobre o assunto. Li inúmeras vezes na Bíblia que "o trabalhador é digno do seu salário" (1Timóteo 5:18, Revista e Atualizada), mas algum tempo atrás comecei a pensar mais no assunto e concluí que nem todo funcionário é digno do seu salário. Não estou contrariando a Bíblia, de forma alguma. Estou apenas fazendo uma distinção entre **funcionário** e **trabalhador**.

Estamos cansadas de ver funcionários que entram e saem das empresas e não fazem nenhuma diferença, enquanto os trabalhadores se matam para dar conta de suas tarefas e também de tudo o que os outros não fizeram. Sempre há poucos fazendo muito e muitos fazendo pouco. Só que no dia do pagamento, todos recebem seu salário, tanto trabalhadores como (maus) funcionários. Alguns dos muitos que fazem pouco chegam a ganhar até mais do que os poucos que fazem muito. Sinceramente, não acho que isso vá mudar algum dia, portanto, não adianta reclamar, xingar, achar-se injustiçada, nem chutar o balde e jogar tudo para o alto. Se é assim na empresa em que você trabalha, saiba que é assim em praticamente qualquer lugar.

Em meu caso, o que me consola é a palavra "digno", citada nessa passagem. Os funcionários podem até zombar dos trabalhadores, podem ridicularizá-los e taxá-los de bobos, pois eles, os "espertos" funcionários, ganham sem fazer tanto esforço. Não há problema, podem seguir assim. Uma coisa, porém, é certa: eles podem ser "espertos", "malandros", "boa-vida" ou qualquer outro nome que quiserem. No entanto, jamais serão **dignos**. Não enquanto continuarem com essa conduta.

Então, amiga, antes que qualquer pensamento de desânimo invada sua mente, enxote-o com esta palavra: se você faz a sua parte, você é digna. Tem coisa melhor que isso?

Quem trabalha não tem tempo para ganhar dinheiro

Você já teve aquela impressão horrível de não saber se está focando seus esforços na coisa certa? Você faz mil coisas, trabalha dia e noite, fica cansada, e tem a impressão de que está andando numa esteira elétrica, pois não sai do lugar. Quer sensação pior? O que está havendo?

Bem, provavelmente, você está tão sobrecarregada que não está tendo tempo simplesmente de PENSAR. Você já ouviu a frase aí do subtítulo e, por um lado é isso mesmo, ainda que pareça loucura. Quando trabalhamos tanto, a ponto de não conseguirmos avaliar se o que estamos fazendo é o correto, corremos o risco de errar feio. Vou citar dois pensamentos do rei Salomão, escritos no livro de Eclesiastes, que ilustram bem isso:

> Se o machado está cego e sua lâmina não foi afiada, é preciso golpear com mais força; agir com sabedoria assegura o sucesso [...] O trabalho do tolo o deixa tão exausto que ele nem consegue achar o caminho de casa.
>
> Eclesiastes 10:10,15

Veja que frases riquíssimas! Já me peguei penando para cortar um tomate com uma faca cega só porque não queria "perder tempo" de afiá-la por estar atrasada para fazer o jantar. Conclusão: estraguei o tomate! Tive de parar, afiar a faca e cortar outro. Perdi mais tempo ainda, além de jogar fora um tomate que ficou parecendo uma vítima do filme *O massacre da serra elétrica*... Outro dia mesmo eu ia sair correndo para procurar um produto quando meu marido me disse que eu poderia encomendar pela internet e ainda pedir para entregar em casa. Fiquei com aquela cara de paisagem e pensei: "Onde eu estava com a cabeça, saindo toda destrambelhada por aí?" Isso é porque eu estava com um monte de coisas para fazer e parei de raciocinar em **como** fazer.

Não pense que é perda de tempo você parar e analisar a melhor forma de fazer algo. E mais que isso: analisar se realmente deve fazer ou não. Talvez você tenha dúvidas quanto a estar na profissão certa e ter escolhido o ramo mais adequado, e fica pensando o que seria de sua vida hoje se tivesse entrado por outra porta na faculdade. Mas, na verdade, você não precisa viver com essa dúvida. Existem meios de saber se está na função mais coerente com seus talentos ou se sua empresa está mesmo aproveitando todo o seu potencial. Para isso, você vai conhecer o que é *coaching* e saber como esse termo diferente pode ajudá-la.

Coaching... Saúde!

Obrigada, mas, eu não espirrei, só disse *"coaching"*! Esse é um termo que pegamos emprestado do inglês e é derivado da palavra *coach*, que significa "treinador". A profissão de *coaching* tem várias vertentes e é muito interessante, mas, o que vamos abordar neste momento é a ajuda que esse profissional pode dar para seu autoconhecimento. Isso é fundamental na hora de escolher sua profissão ou de se readequar a fim de trabalhar naquilo que seja mais indicado para seu perfil. É o que chamamos também de orientação profissional. Ficou mais claro agora, né?

Muitas pessoas me escrevem dizendo não saber qual é o seu talento. Elas afirmam não ter jeito para essa ou aquela atividade e só têm certeza de uma coisa: não gostam do que fazem. As mais pessimistas chegam a dizer que não têm talento para coisa alguma, que não dão certo com nada e que é melhor se conformarem com o fato de que "não serão alguém na vida". Felizmente, elas não poderiam estar mais erradas, pois todo ser humano tem talentos, a questão é que nem todos têm a perspicácia de reconhecê-los e de escolher a profissão ou função na qual poderão desenvolvê-los. Se você é uma dessas que acham que não sabem fazer nada e ficam só considerando os fracassos do passado, pode parar agora mesmo! Você está correndo o sério risco de eu ter um "Momento Epa!" com você... Ora, ora, ora, onde já se viu uma coisa dessas?

Não caia na conversa dos "críticos de plantão", que estão sempre à sua espreita para dizer que você é **des**trambelhada, **des**ajeitada, **des**ajustada, **des**provida, **des**motivada e todo e qualquer outro "**des**" que possa colocá-la para baixo. Saiba que eles só poderão deixar você mais **des**contente, desde que você permita. Então, amiga, é simples: não permita. Ponto final.

Você tem talento sim, aliás, *talentos*, no plural. Ninguém tem um único talento, todas nós temos vários, mas vai de cada uma **des**envolvê-los (olha um "**des**" bom aí!) ou enterrá-los. Os talentos são seus, portanto, só você mesma poderá definir se irá optar por trabalhá-los ou ignorá-los. Os críticos, a concorrência e até mesmo os "amigos" que dizem o contrário não podem escolher por você. Muitas vezes, é você mesma que aceita os rótulos que as pessoas lhe dão e se conforma com eles. Mas isso não é coisa de blindete! Dito isso, pode descolar da sua cabeça essas ideias furadas e comece a enxergar a si mesma por outro ângulo.

Pode até ser que você não tenha sido muito bem-sucedida na vida, mas, provavelmente, é porque não se conhecia o suficiente e não soube identificar seus talentos, buscando, assim, uma colocação que estivesse de acordo com você. Como sempre, vou ilustrar o tema com um fato verídico. Dessa vez, contando a história de uma grande e querida amiga, por quem tenho uma admiração enorme. Depois que você conhecer a história dela, tenho certeza de que também vai virar fã. Com vocês, Elliana Garcia!

Cabeça de vento, não! Cabeça de sonhos!

Tenho sido uma pessoa altamente privilegiada no quesito "conhecer pessoas incríveis". Sem dúvida, uma delas é a Elliana Garcia. Isso mesmo, ela tem direito a duas letras L no nome.

Elliana nasceu no interior da Bahia e tinha tudo para ser mais uma "ninguém" no meio do nada. Digo "no meio do nada" porque na cidade natal dela nem multidão tinha. Era um povoado com dois nomes, mas nenhum deles constava do mapa. Seus pais se separaram e cada um dos irmãos foi para um lugar diferente. O destino de Elliana, que só completara até a terceira série do Ensino Fundamental, foi São Paulo, onde trabalhou como doméstica, profissão da qual se orgulha até hoje. Ela vivia em um quarto que, na verdade, era o espaço reservado para um armário. Não tinha nada além de uma pequena cama que ocupava todo o cômodo. O cubículo era tão sufocante que ela se deitava de barriga para cima para que seus olhos pudessem ter uma visão mais longa. Não lhe restava muito mais a fazer nas horas vagas do que encarar o teto. E era ali, olhando para aquele teto branco que ela sonhava. Imaginava uma realidade diferente: o teto era sua folha de papel, na qual podia registrar suas histórias. O poder da imaginação era capaz de fazê-la voar alto e escapar daquele cômodo minúsculo. Ela queria uma televisão, mas como não tinha, o teto era sua telinha. E era ainda melhor que TV de verdade, pois o controle da programação era todo dela! Colocava no canal que quisesse e no volume que sua imaginação desejasse. Elliana podia estar vivendo uma situação sem nenhuma autonomia, fazendo só o que os outros lhe mandavam, mas ela não abria mão de uma coisa: sonhar. E sonhar alto. Ela não deixava ninguém roubar sua liberdade de pensamento e nem aceitava os rótulos que tentavam colocar sobre ela: a estabanada Elliana, a desligada Elliana, a pobre Elliana. Tudo aquilo podia até ser verdade, mas, ela se reservava o direito de sonhar e de ser quem quisesse. Então, escolheu ser a Elliana que realiza sonhos.

No trabalho, ainda que sem permissão, pegava livros dos patrões e lia durante a noite, em seu quartinho. Logo cedo, para não ser descoberta, devolvia os volumes ao lugar de origem, intactos. Depois decidiu estudar e escrever uma nova história sobre si mesma. Não foi fácil. A vida, vez ou outra, lhe pregava peças, mas ela não se deixava levar por coisa alguma. Era como se vivesse "no mundo da lua", porque parecia que os tapas que a vida lhe dava não a atingiam, embora a tivessem deixado muitas vezes no chão. Ela se levantava e persistia. É o tipo de pessoa que muitos chamariam de "cabeça de vento", mas, para ela, o vento era uma coisa ótima, pois muda tudo de lugar e pode trazer coisas boas. Então, tudo bem! Outro traço marcante da personalidade de Elliana é que ela faz piada com tudo. Com a vida, com as situações, com os dramas. Não importa, tudo e qualquer coisa pode resultar em uma ótima piada (e eu sei bem o quanto meu maxilar dói de tanto rir toda vez que nos encontramos). Ela sempre encontra motivos para sorrir intensamente.

Certa vez, uma amiga lhe disse que iria fazer um "bico" como garçonete em uma festa e que havia uma vaga sobrando. Bastava servir os convidados com bastante atenção e nada mais. "Bastante atenção" poderia ser um problema para quem vive no mundo da lua, então, foi mais seguro deixar Elliana no balcão de bebidas — vai que ela "viaja" e derruba uma bandeja em cima de um convidado? Melhor não arriscar! E lá se foi Elliana assumir o balcão de bebidas.

A festa estava animada, e as bebidas, saindo a todo vapor. Eis que no meio do corre-corre chega um menino, e manda essa:

— Tia, me dá daquele refrigerante de uva?

Elliana olha ao redor e diz:

— Puxa, querido, o de uva acabou!

Mas o menino insiste:

— Que nada, tia, tá ali atrás de você!

Realmente havia uma garrafa pet com um líquido cor de uva que Elliana não tinha notado. Mais que depressa, serviu seu pequeno cliente, que aguardava a bebida na ponta dos pés, e continuou no ritmo frenético de servir várias pessoas ao mesmo tempo. Daqui a pouco volta o menino, mas dessa vez com um acompanhante. Falando meio esquisito e bastante risonho, o menino diz:

— Tia, dá mais um pouco daquele refri? Meu amigo aqui também quer, viu?

Ela atendeu os dois no meio da correria, tentando dar conta de tudo e servindo sozinha no balcão mais concorrido da festa. Passados mais alguns minutos, lá está o menino com mais amigos, falando meio mole e rindo sem parar:

— Ziááááá... dá mais refri aê? Legal pra caramba esse refri!

Ela serve a todos e o refrigerante de uva acaba.

— Pronto, meninos, agora acabou!

Em seguida chega a dona da festa:

— Mocinha, onde está a batida de jabuticaba que eu trouxe?

— Batida? Não vi nenhuma batida...

— É uma que eu mesma fiz e coloquei em uma garrafa pet sem rótulo. Uma bebida bem roxinha, cor de uva. Estava ali atrás, junto com as bebidas alcoólicas.

— Cor de uva...? Ai, meu Deus!

Nisso, começa um alvoroço de pais interrogando seus filhos para saberem como haviam conseguido tomar bebida alcoólica na festa. Os meninos estavam meio embriagados e apontaram para a "tia" do balcão, que teve de se explicar... E o resto é história!

Elliana era mesmo desligada e parecia que vivia em outro mundo. Isso não quer dizer que ela não tivesse talento nem que não soubesse fazer nada, mas apenas que ela estava exercendo uma função que não era adequada ao seu perfil. Elliana gostava de histórias, amava olhar para as pessoas e imaginar como seria a vida delas. Ela simplesmente tinha esse dom de imaginar coisas, de escrever suas histórias em seu pensamento e adorava se comunicar com todo mundo. Era espontânea, comunicativa e extremamente criativa. Nenhum trabalho que exigisse rotina e repetição atrairia a atenção dela.

Elliana nunca se deixou rotular como "a que não sabe fazer nada", "a que estraga tudo" ou "a que não vai ser ninguém na vida". Com todo empenho e focando-se em fazer de seus sonhos realidade, ela conseguiu terminar o Ensino Fundamental. Depois alçou um voo mais alto e terminou o Ensino Médio. E como o negócio dela é voar, entrou na faculdade e escolheu fazer Comunicação. É muito simples resumir essa história em poucas linhas e posso até correr o risco de fazer parecer que foi tudo fácil, mas não foi. O sacrifício foi grande, as humilhações foram enormes, mas a vontade de Elliana foi maior do que tudo isso junto. Sabe quem ela se tornou? Uma escritora de novela! Quer profissão melhor do que essa para quem tem o dom da criatividade com um toque de bom humor? Hoje, ela faz parceria com um dos maiores autores da televisão brasileira e pode assistir, em sua própria televisão, aos sonhos que antes só via no teto do cubículo que nem TV tinha. Eu sou fã de carteirinha, e sinto-me privilegiada de poder chamá-la de amiga.

Contei toda essa história para que você veja, na prática, a importância do autoconhecimento para escolher a carreira adequada. Talvez Elliana nunca desse uma ótima garçonete, mas se encontrou como novelista. O problema não era ela, mas a função. E creio que o mesmo pode estar acontecendo com muitas pessoas que dizem não dar certo com nada. É claro que existem aqueles que acabam não se destacando em nada porque simplesmente não se empenham em nada. Para esses, só mesmo um chacoalhão bem dado para caírem na real!

Também é importante dizer que, muitas vezes, não é preciso abandonar uma carreira, trocar de emprego e jogar tudo o que você fez até agora para o alto. É comum a um *coaching* diagnosticar que um profissional está focando em um alvo, mas acertando outro. Nesses casos, uma simples readequação, com a ajuda do autoconhecimento, pode fazer uma grande diferença no desempenho profissional. Para que você se conheça melhor e analise se está atuando na área mais adequada, aqui vai um Teste de Autoconhecimento. Mãos à obra!

Teste de Autoconhecimento

Avalie cada afirmação abaixo e dê uma nota de 1 a 5 nos espaços em branco. Em seguida, some as colunas para identificar seu perfil. A maior pontuação é seu fator mais forte.

	AFIRMAÇÕES	A	B	C	D
1	Gosto de atividades novas e que me desafiem.				
2	Preciso ter liberdade para expressar minhas opiniões.				
3	Gosto de trabalhar em ambiente estruturado, sem perturbações e mudanças.				
4	Minha prioridade no trabalho é obter resultados tangíveis e mensuráveis.				
5	Sou mais eficaz quando trabalho em equipe.				
6	Sou mais eficaz quando estou livre de supervisão e da exigência por detalhes.				
7	Prefiro realizar tarefas ou projetos que envolvam o raciocínio lógico.				
8	Em minha carreira (trajetória, ascensão) profissional, viso obter prestígio, autoridade, poder, dinheiro e posição.				
9	Gosto de ver reconhecido o tempo que dediquei ao trabalho realizado.				
10	Tenho grande prazer em ver as pessoas satisfeitas.				
11	Popularidade e reconhecimento social e público me satisfazem plenamente.				
12	Prefiro trabalhar sob circunstâncias pautadas por parâmetros reconhecidos e controlados.				
13	Gosto de persuadir e influenciar as pessoas.				
14	Necessito estar seguro do apoio das pessoas naquilo que eu faço.				
15	Gosto de ter oportunidades para competir e ser o vencedor.				
16	Para mim, a família vem sempre em primeiro lugar.				
17	Prefiro trabalhar continuamente em minha área e buscar especialização.				
18	Preciso de tempo para me ajustar às mudanças.				
19	Prefiro trabalhos voltados para a busca do erro zero.				
20	Tenho o cuidado de só me expor dentro da minha área de especialização.				
	SOMA				

Desenvolvido por ShanaAllievato, consultora e coaching. Eleve RH.
www.bolsablindada.com.br

continua...

A Trata-se de um indivíduo assertivo que expõe suas ideias de forma muito prática. É automotivado, direto e exigente. Raramente volta atrás em uma decisão tomada. Focaliza-se nas metas e utiliza-se das pessoas para alcançá-las. Tem a tendência de não prestar muita atenção a detalhes. Necessita de diversidade e mudanças. Por isso, acha riscos e desafios estimulantes, respondendo a eles com uma ação imediata. Quer conquistar o respeito de seus colegas e ter prestígio, autoridade e posição. Pode se mostrar impaciente e irritado quando os acontecimentos não se desenrolam com a rapidez desejada. É ambicioso, competitivo e seguro.

B Trata-se de um indivíduo simpático, influente e otimista. Bom comunicador, verbaliza com clareza seu ponto de vista, preferindo persuadir ou convencer ao invés de confrontar agressivamente. Tem a tendência de promover uma impressão favorável e criar um ambiente de motivação à sua volta. Não gosta de se sentir rejeitado nem de trabalhar sozinho ou isolado das pessoas. É entusiástico e amigável. Apresenta uma necessidade inata de reconhecimento social e público de seu talento, o que o faz sentir que está satisfazendo as pessoas, seu maior objetivo.

C Trata-se de um indivíduo gentil, paciente e calmo. Gosta de trabalhar em um ambiente estruturado, seguro, livre de perturbações e muitas mudanças. É um bom organizador, mas precisa de um plano de trabalho que lhe sirva de base. Pode protelar uma decisão, a menos que seja sua área de especialização. É uma pessoa fácil de se lidar, consistente e previsível. Seu jeito afável, modesto e prestativo faz com que desperte a confiança nos outros e, muitas vezes, pode ser procurado por seus colegas para que ouça seus problemas ou dificuldades, já que trata-se de um bom ouvinte, seja na vida familiar ou profissional.

D Trata-se de um indivíduo perfeccionista e preciso, que dá muito valor aos detalhes. Prefere não assumir riscos e precisa de tempo para avaliar meticulosamente todos os requisitos de um problema para poder propor uma solução. Tende a fugir de conflitos e mudanças. Prefere um ambiente de trabalho estruturado e com procedimentos claros. Prefere trabalhar sozinho, para ter certeza de que tudo será feito corretamente. Seu ponto forte está na sua habilidade de dedicar-se a tarefas especializadas que requerem raciocínio lógico e preciso. Prefere saber onde pisa e gosta do reconhecimento de sua competência.

www.bolsablindada.com.br

Profissional Jassa ou joça?

Segundo o *Dicionário Houaiss da Língua Portuguesa*, "joça" significa "coisa ordinária, ruim ou malfeita, ou que é inutilmente complicada". E o que não falta por aí é gente prestando uma joça de serviço! São pessoas que, geralmente, vivem reclamando, colocando defeito em tudo e criticando o trabalho dos outros. Esse tipo de pessoa é o que chamo de "profissional joça". Ele até tem um emprego (embora o que lhe interesse seja nada mais que o salário), não falta ao trabalho (embora sua presença não faça a menor falta), e só faz o que mandam (ainda que seja automaticamente, afinal, ou ele executa ou pensa — as duas coisas não dá!).

Por outro lado, tem o profissional Jassa, e eu sei que você reconhece esse nome. O "cabeleireiro do Silvio Santos", como foi chamado, assim como o homem do Baú, não veio de família rica e teve de batalhar muito para ser reconhecido profissionalmente. Paraibano de Serra de Cuité, Jassa foi engraxate na infância e, em 1964, veio para São Paulo, onde descobriu seus dotes para a profissão de cabeleireiro. Alguns anos depois, em 1976, quando penteava alguns atores de teatro para uma peça, Silvio Santos o viu em ação e pediu que fosse até a sua casa cortar seu cabelo. Nasceu ali uma parceria de trabalho que se tornou uma grande amizade, capaz de ultrapassar décadas e manter-se firme até hoje. "Seu" Silvio, o rei do marketing, nunca economizou elogios ao cabeleireiro em seus programas dominicais, o que projetou Jassa a outra esfera e lhe trouxe inúmeras celebridades como clientes. Você pode achar que isso é sorte, mas não é. Isso é profissionalismo, afinal, se ele não fosse realmente bom no que faz, não seria uma referência como cabeleireiro há décadas. Seria como tantos outros fogos de palha que vemos surgir hoje e desaparecer amanhã. A sorte passa tão rápido quanto vem, mas a competência é que faz a pessoa permanecer. Hoje, Jassa não é só excelente naquilo que faz, mas se tornou marca e símbolo de qualidade. Quer uma prova?

Certo dia, há mais de dez anos, eu estava trabalhando na redação do jornal que chefiei quando uma das repórteres suspirou alto no meio da sala. Era Inahiá Castro, também escritora, uma grande amiga que conservo até hoje. Ao ouvir o suspiro, minha curiosidade não se conteve:

— Que foi, Ina? Que suspiro é esse?

— Ai, Paty, eu queria cortar esse cabelo... Olha que juba! Mas eu tô economizando cada centavo, e não posso nem pensar em gastar.

— Por que você não vai no seu tio, Ina?

— Porque ele nunca quer cobrar e eu fico sem graça! Ele é ocupado, e não quero ir sem pagar, entende?

Nisso, outro repórter — conhecido por suas tiradas sarcásticas que nos fazia rir inúmeras vezes — entrou de supetão na conversa e soltou essa:

— Que "mané" cortar cabelo com tio! Família só presta pra encher a paciência! Depois ele vai ficar jogando na sua cara que corta seu cabelo de graça... No seu lugar, eu não pediria nada pra parente nenhum. Aliás, a única coisa que me faria cortar o cabelo com meu tio seria que ele fosse o próprio Jassa!

— Pois é, querido — respondeu Inahiá — esse é o meu dilema: o meu tio é o Jassa!

Nem preciso dizer que rimos tanto que até a sala vizinha ouviu e quis saber qual era a graça. O Jassa é mesmo tio da minha amiga e rir da vida real é muito mais engraçado do que qualquer piada!

A questão aqui é analisar o que acontece quando o profissional é bom naquilo que faz. Torna-se inevitável que ele se destaque dentre os demais. Não importa se é rico, pobre, se teve oportunidades ou não. O "profissional Jassa" não se limita ao comum: está sempre inovando, dando o seu melhor e se mantendo firme e motivado, mesmo com o passar dos anos.

Já o "profissional joça" é aquele que — como dizia minha avó — está esperando que o mundo acabe em barranco para morrer encostado. Ele faz corpo mole, reclama de tudo e deixa a vida passar. De manhã, não vê a hora de parar para o almoço. À tarde, conta os minutos para voltar para casa (mas não sem antes reclamar do trânsito, da condução, da distância e do clima). É o tipo de pessoa que não nos dá a menor vontade de estar perto e não é referência para ninguém (a não ser do que não se deve fazer). Vamos lutar para ser Jassa e deixar essa joça toda para lá!

O triângulo de fogo

Você que me acompanha nas redes sociais, em meu blog e no de minha querida amiga Cristiane Cardoso,[9] no qual escrevi semanalmente por três anos, sabe que o *Bolsa blindada* nasceu de uma ideia que, por sinal, nem foi minha. Quer saber como foi? Claro que eu conto!

Há uns três anos, quando ainda nem sonhava em ter um blog, eu revisava alguns textos do blog da Cris, que também é dirigido às mulheres, e lhe dei a ideia de escrever alertando sobre o perigo de um tipo de propaganda que estava muito em alta na época, que tinha como público-alvo as mulheres. Eram propagandas oferecendo linhas de crédito caríssimas como se fossem baratíssimas, quase de graça... Eu mesma tinha recebido uma correspondência com a imagem de um presente no envelope e, ao lado, a chamada: "Você pode ter 15 mil reais agora!" Um "presente" que me custaria absurdos 16% de juros ao mês! Ao saber que muitas mulheres estavam caindo naquela

---

[9] www.cristianecardoso.com

roubada, mandei essa sugestão por e-mail para a Cris e finalizei dizendo: "Acho que você poderia escrever alertando nossas leitoras", ao que ela respondeu: "Escreve você!".

Na hora que li a resposta, tive uma conversa comigo mesma: "Quê? 'Escreve você?' Mas eu não sou blogueira... Que credibilidade vai ter a minha palavra se as pessoas querem ler o que a Cris tem a dizer? E se o público não gostar? E se acharem que estou me intrometendo? O que vão dizer de eu estar ocupando o lugar de um texto da criadora do blog?" Até que concluí: "Não posso dizer não à minha amiga... Ela faz tanto por todo mundo e quando pede uma coisinha, eu digo não? Vou escrever e pronto! Será um só, nada demais. Logo as pessoas esquecem e fim de papo!". Fiz o texto sobre a tal propaganda e mandei por e-mail para que a Cris publicasse quando quisesse. Em seguida ela me respondeu: "Paty, primeiro você precisa fazer um texto se apresentando, pois as pessoas têm de saber quem é a nova colaboradora. Faça uma introdução ao tema e mande também uma foto sua. Você vai publicar toda quinta-feira. Precisamos mesmo de alguém falando sobre dinheiro. Obrigada!".

Ai, caramba! Lá vieram os pensamentos de novo: "Oi? Escrever toda quinta sobre dinheiro? De onde vou tirar tanto assunto? Quem vai querer ler o texto de uma ilustre desconhecida? Eu até tenho umas histórias aí, mas não sou economista... Ai, meu Deus, onde fui amarrar meu burro?". Mas eu tinha decidido não dizer "não", ainda mais sem nem tentar...

Foi assim que comecei a pôr no papel (ou na tela do computador) tudo o que fui aprendendo sobre o assunto, semana após semana. As leitoras foram se identificando com o tema, sugerindo tópicos e pedindo orientação. Com o passar do tempo, comecei a receber sugestões de juntar todos os posts do blog e organizar um livro, pois as dicas tinham mudado a vida de várias leitoras. Nessa altura, minha conversa comigo mesma mudou: "Um livro? É, boa ideia. Eu sempre quis escrever um livro!"

Nasceu uma pequena fagulha, mas que logo começou a ser sufocada por pensamentos negativos: "Quem vai ler? Aqui no blog o pessoal me conhece, mas um livro é outra coisa... Que editora vai querer lançar? Onde vai vender? Quem vai comprar? Eu não tenho tempo... Não quero escrever algo que vai me dar um trabalhão para depois ficar pegando pó numa estante ou trancado numa gaveta..."

Vencidas todas as palavras negativas que eu mesma joguei sobre mim, comecei a escrever. Aos poucos, vi que não seria suficiente organizar textos já publicados, mas que o melhor seria compor um material com dicas e textos inéditos. E assim foi. Fui adaptando textos publicados, escrevendo novos, pesquisando, estudando. Até que terminei o "Economia Blindada", que depois veio a ser *Bolsa blindada*. Quando falei para a Cris que havia terminado ela ficou super orgulhosa! Ela foi — e continua sendo — uma de minhas maiores incentivadoras, sempre com uma palavra de motivação, desafio e satisfação por nos ver crescer. Isso é ser amiga de verdade: é se alegrar com as alegrias, ter prazer no sucesso da outra. Muitas pessoas me escrevem dizendo que, quando leem meus textos, é como se uma amiga estivesse conversando com elas. E o que tenho a dizer sobre isso é: estou lhe dando o que tenho recebido. Foi do incentivo de uma amiga que tudo começou, por isso, posso lhe dizer que, se você crer e for em frente, poderá ser, ter e fazer tudo o que quiser.

Hoje, além de ter sido um *best-seller* já nos primeiros meses de lançamento, o *Bolsa blindada* tornou-se um método. Surgiu o blog, os convites para participar de programas de TV e rádio, as entrevistas e colunas para jornais e revistas, as palestras, os cursos e esta obra que você tem nas mãos (além do que está por vir!).

Como mencionei, no início era nada mais do que uma pequena fagulha, e até parecia que não ia dar em nada; mas, com trabalho, dedicação e sacrifício, a ideia virou projeto e o projeto virou realidade. Uma realidade muito maior do que eu poderia imaginar. O incentivo e a motivação da minha amiga Cris Cardoso, a quem considero a "madrinha" do *Bolsa blindada*, aliada à força de vontade de superar limites fez tudo acontecer.

Lembre-se de que um incêndio de grandes proporções pode começar a partir de uma pequena fagulha que, enquanto for alimentada por oxigênio e algum meio de combustão, continuará queimando. Quanto mais comburente (oxigênio) e mais combustível (tudo o que entra em combustão: madeira, papel, materiais inflamáveis etc.), mais esse fogo irá aumentar.

Então, faça da sua ideia essa fagulha, do seu trabalho o oxigênio e da sua perseverança o combustível. Só depende de você colocar esse triângulo de fogo para queimar!

Até a próxima!

Fontes

Assessoria de Imprensa da Caixa Econômica Federal.
Banco Central do Brasil (www.bcb.gov.br).
Código de Defesa do Consumidor (www.planalto.gov.br/ccivil_03/leis/l8078.htm).
Fundação Procon SP (www.procon.sp.gov.br.).
Fundo de Financiamento Estudantil (www.fies2014.org).
Instituto de Defesa do Consumidor (www.idec.org.br).
Marelis Brum, consultora de moda e estilo (www.marelisbrum.com)
Eleve RH, Consultoria & Coaching (www.eleverh.com.br).

Referências

BRAGA, Roberto; *Fundamentos e técnicas de Administração Financeira*, 1ª edição, 17ª reimpressão. São Paulo: Atlas, 2009.

EWALD, Luís Carlos. *Sobrou dinheiro: lições de economia doméstica*. Rio de Janeiro: Bertrand Brasil, 2003.

LONDON, Jack. *O verdadeiro papel e a dimensão das PMEs*. Disponível em <revistapegn.globo.com/Revista/Common/0,,EMI 275831-17141,00-O+VERDADEI RO+PAPEL+E+A+DIMENSAO+DAS+PMES.html>. Acessado em: julho de 2014.

Pesquisa de Endividamento e Inadimplência do Consumidor (Peic). *Percentual de famílias com dívidas aumenta em janeiro de 2014*. Disponível em <www.cnc.org.br/sites/default/files/arquivos/release_peic_janeiro_2014.pdf>. Acessado em: julho de 2014.

Portal da ONU para a Agricultura e Alimentação. *Reducir el desperdicio para alimentar el mundo*. Disponível em <www.fao.org/news/story/es/item/74192/icode>. Acessado em: julho de 2014.

SCARPATO, Artur. *Uma técnica clássica de respiração para diminuir a ansiedade*. Disponível em <www.psicoterapia.psc.br/blog/?p=23>. Acessado em: julho de 2014.